W0265236

Soziale Phobie

Soziale Angst verändern und bewältigen - Die Angststörung verstehen und selbst überwinden.

von

Joshua Feder

1. Auflage 2018

Copyright © 2018 Joshua Feder. All rights reserved. Including the right to reproduce this book or portions thereof, in any form. No part of this text may be reproduced in any form without the express written permission of the author.

Das Werk ist urheberrechtlich geschützt. Sämtliche, auch auszugsweise, Verwertungen bleiben vorbehalten.

Haftungsausschluss

Die Informationen, die Sie in diesem Buch finden, wurden mit größter Sorgfalt aufbereitet. Der Autor übernimmt keinerlei Gewähr für die Aktualität, Korrektheit, Vollständigkeit oder Qualität der bereitgestellten Informationen und weiteren Informationen. Haftungsansprüche gegen den Autor, welche sich auf Schäden materieller oder ideeller Art beziehen, die durch die Nutzung oder Nichtnutzung der dargebotenen Informationen bzw. durch die Nutzung fehlerhafter und unvollständiger Informationen verursacht wurden, sind grundsätzlich ausgeschlossen, sofern seitens des Autors kein nachweislich vorsätzliches oder grob fahrlässiges Verschulden vorliegt.

Das Buch enthält Links zu Informationen Dritter, auf deren Inhalte der Autor keinen Einfluss hat. Deshalb kann er für die fremden Inhalte auch keine Gewähr übernehmen. Für die Inhalte der verlinkten Seiten ist stets der jeweilige Anbieter oder Betreiber der Seiten verantwortlich. Die verlinkten Seiten wurden zum Zeitpunkt der Verlinkung auf mögliche Rechtsverstöße überprüft. Rechtswidrige Inhalte waren zum Zeitpunkt der Verlinkung nicht erkennbar.

Joshua Feder, 2018

Inhaltsverzeichnis

Einleitung

In diesem Buch geht es um das Thema „Soziale Ängste“, wie wir sie alle in irgendeiner Form kennen. Sie werden durch die Lektüre dieses Buches umfassend darüber informiert, was genau die soziale Angst ist und wie sie von einer sozialen Unsicherheit und Introvertiertheit zu unterscheiden ist. Unter anderem werden in diesem Buch einige mögliche Ursachen für soziale Ängste erläutert. Im Zuge dessen wird Näher auf die einzelnen Faktoren eingegangen, die die Entstehung einer sozialen Angst begünstigen. Um zu verstehen, wie sich die soziale Angst auf körperlicher, psychischer und mentaler Ebene ausdrückt, werden diese Bereiche eingehend erläutert. Die körperlichen Zusammenhänge werden eingehend erklärt und somit wird schnell klar, dass es sich bei der sozialen Angst um eine ernsthafte Erkrankung handelt. Psychische Symptome dieser Angsterkrankung können sich auf vielfältige Weise äußern. Einige dieser Symptome werden näher vorgestellt, sodass Sie sich ein umfassendes Bild über die Situation der Betroffenen machen können. Glücklicherweise gibt es verschiedene Behandlungsmöglichkeiten, um das Leiden der Betroffenen zu lindern und die Lebensqualität zu steigern. Je nach Ursache oder Ursachenkomplex kann eine passende Therapiemaßnahme gefunden werden, die den Betroffenen nicht nur dabei hilft ihre Erkrankung zu verstehen, sondern sie auch im Umgang mit ihr schult. Für viele Betroffene ist die soziale Angst bereits Teil ihrer Persönlichkeit geworden und dies soll sich durch eine wie auch immer geartete Behandlung möglichst ändern. So ist ein Alltag mit ungezwungenen sozialen Interaktionen für die Betroffenen wieder möglich und die Krankheit rückt mehr und mehr in den Hintergrund. Neben diesem grundsätzlichen Wissen über die soziale Angst erwarten Sie noch viele weitere nützliche Informationen in diesem Buch!

Viel Spaß beim Lesen und Lernen!

Kapitel 1: Was ist die soziale Angst?

Die soziale Angst wird auch häufig Soziale Phobie genannt und beschreibt die Angst vor sozialen Situationen und zwischenmenschlichen Begegnungen. Die Bandbreite der Ausdrucksformen und Feinheiten der sozialen Angst ist enorm und zeigt sich bei den Betroffenen ganz individuell. So gehört beispielsweise die Angst vor dem Kontakt zu Fremden oder die Sorge sich bei einfachsten Tätigkeiten lächerlich zu machen zur sozialen Angst. Aber auch der Angstbehaftete Umgang mit Autoritätspersonen, die Angst vor Prüfungssituationen oder die Angst zu Erröten gehören zum Spektrum der sozialen Angst. Dies zeigt, dass die soziale Angst in jeder Facette unseres Alltags ihren Platz finden kann und nur die wenigsten Menschen gänzlich frei von der sozialen Angst sind. Dies zeigt sich beispielsweise daran, dass rund 12 von 100 Menschen mindestens einmal in ihrem Leben mit der sozialen Angst zu kämpfen haben. Rund 10 Millionen Deutsche leiden unter ernstzunehmenden Ängsten und rund 2-10% unter sozialen Ängsten. Die genauen Zahlen herauszufinden gestaltet sich als schwer, weil der Übergang zwischen sozialer Unsicherheit und sozialer Angst nicht immer greifbar ist, weil die Dunkelziffer enorm hoch ist, weil die Abgrenzung zu ähnlichen psychischen

Krankheiten nicht immer leicht ist und weil sich viele Menschen mit sozialer Angst nicht therapeutisch behandeln lassen. In der Regel tritt die soziale Angst erstmals im Jugendalter auf und zieht sich dann bei fehlender therapeutischer Behandlung bis ins hohe Erwachsenenalter. Das Bundesstatistikamt führt auf, dass die soziale Angst meist vor dem 25. Lebensjahr auftritt und bei fehlender therapeutischer Behandlung ein Leben lang anhält. Je früher eine soziale Angst therapeutisch behandelt wird, desto höher sind die Heilungsaussichten. Zumeist zieht eine unbehandelte soziale Angst weitere psychische Erkrankungen mit sich. So ist es beispielsweise nicht selten, dass Betroffene mit sozialen Ängsten auch andere Angsterkrankungen, Depressionen oder Abhängigkeitserkrankungen haben. In seltenen Fällen ergibt sich eine soziale Angst als Folgeerkrankung aus einer anderen psychischen Erkrankung. Ob Sie an einer sozialen Angst leiden, kann in einem Gespräch mit einem Facharzt oder Psychotherapeuten herausgefunden werden. In einer weitergehenden Behandlung, beispielsweise mit Medikamenten oder durch eine kognitive Verhaltenstherapie, kann den Betroffenen geholfen werden ihre Lebensqualität durch die Besiegung und den verbesserten Umgang mit ihren Sozialen Ängsten signifikant zu steigern. Denn im Endeffekt ist die soziale Angst ein Hemmer, der Betroffenen die Möglichkeit beraubt das soziale Leben mit all seinen verschiedenen Facetten und Möglichkeiten zu genießen, wahrzunehmen und auszuschöpfen. Dauert der Zustand der Angst länger als sechs Monate an, spricht man von einer Angsterkrankung.

Der Unterschied zwischen sozialer Angst und sozialem Unbehagen

Erinnern Sie sich an eine soziale Situation, in der Sie sich alles andere als wohlgefühlt haben? Nun mögen Sie denken, „Ja, ich habe wohl eine soziale Angst!“, aber nicht so schnell, denn es gibt einen bedeutenden Unterschied zwischen einer sozialen Angst und sozialem Unbehagen. Das soziale Unbehagen ist völlig natürlich und Ausdruck fehlender Erfahrungen oder einer für Sie unklaren Situation. Spüren wir soziales Unbehagen, sind wir weit von einer möglichen Panikattacke entfernt. Im Zusammenhang mit einer sozialen Angst ist eine Panikattacke jedoch für die meisten nur einen Schritt weit entfernt und damit durchaus im Bereich des Möglichen. Das soll nicht heißen, dass soziales Unbehagen wünschenswert und positiv zu bewerten sei, sondern das soll vielmehr zeigen, dass soziales Unbehagen nicht zwingend ohne therapeutische Begleitung oder eine alternative Behandlung zu bewältigen ist. Das soziale Unbehagen gehört zu unserem breiten Spektrum an Gefühlen dazu und sollte kein Grund zur Besorgnis sein. In den allermeisten fällen lässt sich das soziale Unbehagen mit rationalen Argumenten und einfachen Entspannungstechniken auflösen – dies ist bei einer handfesten sozialen Angst nicht ohne weiteres möglich. Und genau darin liegt der Unterschied: Kann sich der Betroffene durch rationale Überlegungen oder körperliche Entspannungstechniken aus der beklemmenden Situation befreien oder ist der Betroffene seiner körperlichen und psychischen Reaktion auf die Situation hilflos ausgeliefert? Bei Unbehagen werden auf körperlicher Ebene keine intuitiven Schutzmechanismen aufgerufen, was bei Ängsten jedoch der Fall ist. Die wahren Ängste agieren also auf einer unbewussten, unterbewussten und rein intuitiven Ebene, während das Unbehagen durchaus als Teil eines Lernprozesses verstanden werden kann. Anhand des nachfolgenden Exkurs über die körperlichen und psychischen Reaktionen während einer Angstsituation können Sie selbst hinterfragen, in welchem Ausmaß Sie von einer Angst oder von Unbehagen betroffen sind. Gänzlich Aufschluss erhalten Sie bei einer professionellen Beratung durch einen erfahrenen Psychotherapeut oder Arzt.

Der Unterschied zwischen sozialer Angst und Introvertiertheit

Von außen betrachtet mag das Verhalten von Menschen mit sozialer Angst dem von introvertierten Menschen ähneln. In beiden Fällen ist von außen betrachtet festzustellen, dass die Betroffenen soziale Situationen eher meiden und zurückgezogen sind. Dennoch gibt es gravierende Unterschiede zwischen introvertierten Menschen und Menschen mit einer Angsterkrankung. Introvertierte Menschen beschäftigen sich liebend gerne mit ihrer eigenen Innenwelt, ihren Gedanken und ihren Empfindungen. Die soziale Interaktion mit anderen Menschen hat einen weniger hohen Stellenwert, als die Beschäftigung mit der eigenen inneren Welt. Die soziale Interaktion mit Menschen ist von Introvertierten also nur in Maßen gewünscht und kann für sie mitunter energieraubend und anstrengend sein. Während extrovertierte Menschen ihre Energie daraus schöpfen mit anderen Menschen zu interagieren, während introvertierte Menschen ihre Kraft aus der Zeit mit sich allein schöpfen. Aufgrund der während der sozialen Interaktion ausgestandenen Ängste sind diese Situationen auch für Menschen mit einer sozialen Angst energieraubend, obwohl der positive Verlauf dieser sozialen Interaktion eigentlich gewünscht wird. Der charakteristische Unterschied ist also, dass introvertierte

Menschen sich soziale Interaktion durchaus wünschen, während Menschen mit einer sozialen Angst mitunter kein intrinsisches Interesse an sozialer Interaktion verspüren. Introvertierten Menschen ist es auch nicht unbedingt wichtig zu wissen oder zu erahnen, was andere Menschen von ihnen denken. Die Meinung anderer Menschen ist nicht ausschlaggebend für die Bewertung der sozialen Interaktion. Ganz im Kontrast steht dabei das Bedürfnis von Menschen mit einer sozialen Angst vor anderen Menschen schlecht dazustehen, sich zu blamieren oder sich nicht entsprechend der vorherrschenden sozialen Norm zu verhalten.

Die verschiedenen Formen sozialer Angst

Die soziale Angst ist zunächst der Überbegriff für die allgemeine Angst vor sozialer Interaktion. Die soziale Interaktion kann sich im Alltag natürlich durch viele verschiedene Arten ausdrücken und somit ist es schwer aufzulisten, welche Facetten die soziale Angst hat. So individuell wie jeder Einzelne von uns ist, so individuell sieht auch die soziale Interaktion und die damit möglicherweise auftretenden Ängste aus. Häufige innerhalb der sozialen Angst vorkommenden Ängste sind:

- Die Angst vor Publikum zu sprechen, zu singen oder zu schauspielern.
- Die Angst im Beisein anderer Menschen zu essen.
- Die Angst sich vor anderen Menschen zu bewegen oder Sport zu treiben.
- Die Angst alleine an kulturellen oder beruflichen großen Veranstaltungen teilzunehmen.
- Die Angst vor mündlichen oder schriftlichen Prüfungen.
- Die Angst vor sexueller Interaktion.
- Die Angst die eigene Meinung zu vertreten.
- Die Angst für die eigenen Bedürfnisse einzustehen.
- Die Angst mit fremden Menschen in Kontakt zu treten.
- Die Angst körperliche Symptome der Angst zu zeigen.

Bei jeder einzelnen dieser Ängste steht ein entscheidender Faktor im Vordergrund: Die Angst sich vor anderen Menschen durch die Sprache, das (fehlende) Wissen, die Ausdrucksweise, das Aussehen, die Bewegung oder ähnliches lächerlich zu machen. Die Betroffenen haben Angst davor im Mittelpunkt zu stehen, bewertet zu werden oder jegliche Art von Angriffsfläche zu bieten.

Spezifische soziale Ängste

Es wird zwischen den spezifischen sozialen Ängsten und den generalisierten sozialen Ängsten unterschieden. Die spezifischen sozialen Ängste umfasst alle Formen der sozialen Angst, die immer in bestimmten (spezifischen) sozialen Situationen auftreten. Beispielsweise verhält es sich dabei so, dass der Betroffene keinerlei Angst bei einem flüchtigen sozialen Kontakt beim Bezahlen an der Supermarktkasse hat, aber dafür aber in allen Situationen, wo Leistung erbracht werden muss. Ein Typ der spezifischen sozialen Angst, die mittlerweile sehr häufig vorkommt, ist die „Sozialphobie Leistungstyp“, bei der die Betroffenen vor allen sozialen Situationen Angst haben, in denen sie durch andere bewertet werden (könnten). Darunter fallen dann auch das Essen und die sportliche Aktivität in Gesellschaft, öffentliches Reden, Prüfungssituationen oder ähnliches. Häufig tritt die spezifische soziale Angst vor Leistungserbringung und Bewertung im Jugendalter auf. Die Jugendlichen ziehen sich dann nach einer einschneidenden negativen Erfahrung zurück und meiden ähnliche Situationen. Aus diesem Vermeidungsverhalten kann dann eine soziale Angst entstehen. Da diese Angst sich auf sehr eindeutige Weise äußert und sich allein auf eine bestimmte Angst konzentriert, ist es meist nicht schwer die Ursache für diese Form der Angst herauszufinden. Im Falle der sozialen Angst vor Leistungserbringung, gab es in den meisten Fällen eine negative Erfahrung bezüglich der Bewertung durch andere in der Vergangenheit. In dieser Situation haben sich die Betroffen hilflos, beschämt und ängstlich gefühlt. Wird dieses Erlebnis nicht ausreichend aufgearbeitet und liegen möglicherweise zusätzlich Faktoren, die die Entstehung einer Angsterkrankung begünstigen, vor, kann sich eine dementsprechende spezifische soziale Angst entwickeln.

Generalisierte soziale Ängste

Die generalisierten sozialen Ängste (Soziale-Kompetenz-Defizit-Sozialphobie) sind weniger einfach zu fassen, da sich hier die Angst nicht auf eine Situation alleine beschränkt, sondern eben generell vorhanden ist. Die Betroffenen sich meist von ihrer Persönlichkeitsstruktur her zurückhaltend und empfinden Ängste bei einer größeren Anzahl an spezifischen Situationen. So lässt sich nicht ein einzelner Auslöser für die Ängste als Erklärung heranziehen, sondern es muss eine Vielzahl von Faktoren berücksichtigt werden. Häufig entstehen generalisierte soziale Ängste im späten Kindheitsalter und können sich dann im weiteren Lebensverlauf steigern, sofern sie nicht behandelt werden. Dadurch, dass häufig keine feste Kernangst ausfindig gemacht werden kann, gestaltet sich die Ursachenfindung, im Vergleich zur der der spezifischen sozialen Angst, wesentlich komplexer. Zumeist liegen kritische Lebensereignisse in der frühen Kindheit vor, die zu einer erhöhten Vulnerabilität führen. Zusammen mit einer möglichen genetischen Veranlagung für die Erkrankung an Ängsten kann dann aufgrund negativer Vorerfahrungen eine weitläufig gestreute soziale Angst entstehen. Häufig sind die Betroffenen durch die Vielzahl an sozialen Ängsten derart in der Bewältigung ihres Alltags eingeschränkt, dass sie viele Nachteile in verschiedensten Lebensbereichen zu spüren bekommen. Der ständige Zustand der Angst macht es den Betroffen unmöglich ausreichend Energie für die Bewältigung alltäglicher Aufgaben aufzubringen. Oftmals wirken Menschen mit einer generalisierten sozialen Angst oberflächlich betrachtet unmotiviert, ungebildet und uninteressiert. Das Gegenteil ist jedoch häufig der Fall und hinter der „unnahbaren" Maske versteckt sich der Versuch die angstauslösenden Situationen zu umgehen. Sofern Kinder und Jugendliche von der generalisierten sozialen Angst betroffen sind, fällt es ihnen in der Regel aufgrund der vielen Auslöser der Angst schwer ihre körperlichen und psychischen Symptome richtig einzuschätzen und sich entsprechende Hilfestellung von außen zu holen.

Die Folge- und Begleiterkrankungen/Komorbidität

Die soziale Angst als solche kann in ihrer Form sowohl eine Folge- als auch eine Begleiterkrankung darstellen. Auch als Grunderkrankung kann die soziale Angst wiederum Folge- und Begleiterkrankungen mit sich bringen. In beiden Fällen ähneln sich die psychischen Folge- und Begleiterkrankungen: Depressionen, Panikattacken, ADHS, weitere Phobien (besonders Erytrophobie, Agoraphobie), Mutismus, somatoforme Störungen, Drogenabhängigkeit, ängstlich vermeidende Persönlichkeitsstörung, abhängige Persönlichkeitsstörung und posttraumatische Belastungsstörung. Es ist für einen Laien nicht immer leicht zwischen diesen psychischen Erkrankungen genau zu unterscheiden, da sie häufig mit ähnlichen Symptomen einhergehen. Auch ist nicht immer eindeutig zu klären, ob eine depressive Verstimmung die Folge der erschwerten Lebensbedingungen ist oder eine selbstständige Krankheit darstellt. Bei der generalisierten sozialen Angst ist das Risiko aufgrund des stark erhöhten Stressfaktor an einer Folge- oder Begleiterkrankung zu erkranken besonders hoch. Die soziale Angst an sich kann aufgrund der Veränderung der alltäglichen Strukturen weitere körperliche Erkrankungen mit sich führen. Beispielsweise kann der Konsum von Alkohol oder anderen Drogen zur kurzfristigen Beruhigung auf Dauer negative Folgen für die Gesundheit haben. Ebenso können die körperlichen Symptome der sozialen Angst zu einer dauerhaften somatoformen Störung werden. So können Begleiterscheinungen der sozialen Angst wie Verdauungsstörungen oder erhöhter Blutdruck zu einer dauerhaften und eigenständigen Erkrankung werden.

Das Erkennen einer sozialen Angst

Häufig werden soziale Ängste erst sehr spät erkannt und noch später therapiert, obwohl eine frühe therapeutische Intervention mit hohen Heilungschancen einhergeht. Warum ist das so? Das liegt daran, dass die meisten Menschen mit einer sozialen Angst nicht auffallen möchten, ganz bewusst, um nicht mit ihrer Angst konfrontiert zu werden. Nur jeder fünfte bis zehnte Mensch mit sozialen Ängsten verhält sich für Außenstehende tatsächlich auffällig. Da die soziale Angst ihren Beginn zumeist im Kindesalter hat, wird bei einem schüchternen, zurückgezogenen Verhalten eines Kindes nicht direkt auf eine Angsterkrankung geschlossen, sondern eher auf eine generelle introvertierte Persönlichkeitsstruktur. In der Regel sind die Ängste zu Beginn des Auftretens der Angsterkrankung auch noch nicht so intensiv, dass sie tatsächlich als Angsterkrankung eingestuft werden können. Mit steigender Intensität der Angst im Verlauf der Jahre wird dann häufig erst deutlich, dass es sich hierbei um eine Angsterkrankung handelt. Bei manchen Betroffenen wird die Angsterkrankung nie diagnostiziert werden können, da sie wahre Meister darin sind ihre Angst und die damit einhergehenden Symptome zu verstecken. Bei moderat starken Ängsten ist es den Betroffenen durchaus möglich an sozialen Ereignissen teilzunehmen oder soziale Interaktion zu betreiben, auch wenn sie innerlich großen Druck, Stress und Ängste verspüren. Manche Betroffenen haben sich ein äußerlich souverän, selbstsicher und kompetent wirkendes Auftreten angewöhnt, um ihre Unsicherheit zu verbergen. Und auch wenn die soziale Kompetenz, beziehungsweise die Angst vor der fehlenden sozialen Kompetenz, das Problem der Betroffenen ist, werden sie oftmals von Außenstehenden als durchaus sozial kompetent eingestuft. Das Ziel ist es zu jeder Zeit in großen Maßen möglichst in allen Bereichen kompetent zu wirken, um keine Angriffsfläche für eventuelle Kritik zu bieten – auf diese Weise können Betroffene ihre soziale Angst meist jahrelang verheimlichen! Oftmals wissen die Betroffenen um die Diskrepanz von innerlicher Situation und äußerlichem Auftreten, möchten sich aber aufgrund ihres starken Vermeidungsverhaltens nicht tiefgründig mit ihren Ängsten auseinandersetzen. Auch sorgt das Stigma der „psychischen Störung“ dafür, dass viele Betroffene sich schämen und sich deswegen keine therapeutische Hilfe suchen.

Die körperliche Reaktion

Nehmen wir als Beispiel die soziale Angst bezüglich der Interaktion mit dem anderen Geschlecht. So kann der Besuch beim Bäcker am Sonntagmorgen zu einer wahren Belastungsprobe werden, wenn wieder die hübsche Verkäuferin oder der hübsche Verkäufer hinter dem Tresen der Bäckerei wartet. Die Angst vor dieser sozialen Interaktion – und mag sie für Nicht-Betroffene noch so simpel erscheinen – kann schon auf dem Weg zur Bäckerei körperliche Symptome, wie starkes Herzklopfen, Übelkeit, Muskelanspannung oder Schwitzen verursachen. Nicht selten verstärken sich diese Symptome in der akut gefürchteten Situation noch und die Betroffenen spüren starken Druck auf sich lasten, fühlen sich wie streng beobachtet und sich der Situation nicht gewachsen. Weitere körperliche Reaktionen können Verdauungsstörungen, Beschleunigung des Herzschlags, Zittern, vergrößerte Pupillen, Atemnot, Hemmung der Blasenfunktion, Stottern oder Erröten sein. Die Reaktionen auf eine Angsteinflößende Situation kann von den genannten Reaktionen abweichen und sich auf ganz individuelle Art und Weise präsentieren. Wird zum Beispiel dem einen Betroffenen vor einem Bewerbungsgespräch schwindelig, bekommt ein anderer Betroffene beim Telefonat mit einer Arztpraxis Hustenanfälle. Betroffene, die sich längerfristig mit ihrer

Angst auseinandergesetzt haben, können den Zusammenhang zwischen den verschiedenen körperlichen Reaktionen und ihrer Angst erkennen. Diese körperlichen Reaktionen erscheinen zunächst nur auf eine körperliche Vorbereitung zur Flucht Sinn zu ergeben, aber es steckt mehr dahinter! Die offensichtlich wahrnehmbaren Reaktionen, wie Erröten, Zittern, Stottern oder Nervosität, sind ein klares Signal an die Umwelt. Unterbewusst soll so die Botschaft vermittelt werden, dass der Betroffene sich der Situation nicht gewachsen fühlt und Unterstützung, beziehungsweise Rücksichtnahme benötigt. Durch die Absonderung von Schweiß werden feinste durch den Geruchssinn wahrnehmbare Botschaften verbreitet: „Ich habe Angst!“ Da der Mensch ein durchaus soziales Lebewesen ist, reagieren die anwesenden Menschen unterbewusst mit einer schützenden und unterstützenden Haltung, sofern sie diese Verhaltensweisen aufgrund eigener Ängste oder Fehlprägungen nicht abgelegt haben.

Die Entstehung der Angst auf körperlicher Ebene

Um zu verstehen, wieso auch unser Körper bei Ängsten bestimmte Reaktionen zeigt, ist es gut zu wissen, wie die Angst auf körperlicher Ebene entsteht. Zu Beginn steht ein äußerlicher Reiz, den wir durch unsere Sinnesorgane wahrnehmen: Wir riechen, sehen, hören, spüren oder schmecken einen Reiz. Im Falle der sozialen Angst können die Sinneswahrnehmungen riechen und schmecken außer Acht gelassen werden. Konzentrieren wir uns deshalb auf die drei übrigen Sinneswahrnehmungen. Im Falle vor der Angst vor sozialer Interaktion mit anderen Menschen, kann bereits das Hören oder Sehen dieser eine Angstreaktion in uns auslösen. Auch die Berührung eines anderen Menschen steht in diesem Zusammenhang. Diese Wahrnehmung wird von unserer Großhirnrinde basierend auf den Erfahrungen unserer Vergangenheit interpretiert und bewertet. Haben wir bereits kritische oder gar bedrohliche Erfahrungen mit sozialer Interaktion gemacht, wird der wahrgenommene Reiz als potenzielle Gefahr gedeutet. Diese Interpretation wird nun an das limbische System, einem sehr alten und daher intuitiv agierenden Teil des Gehirns, weitergeleitet. Der zum limbischen System gehörende Hypothalamus sorgt nun für die entsprechende körperliche Reaktion, indem er die Ausschüttung von Stresshormonen (Adrenalin, Kortisol, Kortison, Noradrenalin) in den Nebennieren anregt. Dies alles geschieht außerhalb unserer rationalen Bewertung und läuft unterbewusst ab. Das Ziel dieser schnellen, intuitiven Reaktion und Bewertung des Reizes ist die Sicherung des Überlebens. Dies hat schon vielen unserer Vorfahren das Leben gerettet und auch noch heute funktioniert unser Alarmsystem wunderbar, auch wenn dabei häufig nicht lebensbedrohliche Reize als potenzielle Gefährdung eingestuft werden. Der Reiz „Ich höre den Kollegen näherkommen“ löst dann im Endeffekt die Reaktion „Flucht oder Kampf“ aus, wodurch auf körperlicher Ebene die entsprechenden Voraussetzungen geschaffen werden: Der Herzschlag wird erhöht, der Blutdruck steigt, unsere Atmung verschnellert sich, die Muskeln werden angespannt, die Pupillen erweitern sich, die Körpertemperatur steigt, unser Fokus wird klarer und die Verdauung wird eingestellt. Das Parasympathische Nervensystem sorgt dann für die körperliche Entspannung nach dem Abbau der Stresshormone.

Die psychische Reaktion

Abgesehen von den körperlichen Reaktionen, finden natürlich auch psychische Reaktionen in einer Situation mit sozialer Angst statt. Das Gefühl der Angst als solches begleitet die Betroffenen in der entsprechenden Situation. Aber auch Unsicherheit, Scham, Verwirrung, Aggression bis hin zu Panik kann als psychische Reaktion auftreten. Wieso zeigt sich die Angst anhand so vieler verschiedener psychischer Reaktionen? Weil wir alle ganz individuell auf Bedrohungen reagieren. Wir Menschen haben die Möglichkeit auf eine mögliche Bedrohung mit Kampf oder Flucht zu reagieren und innerhalb dieser Reaktionsmöglichkeit gibt es viele feine Nuancen mit der Belastung umzugehen. Nicht jeder Betroffene entscheidet sich gleich intuitiv zwischen Flucht oder Kampf – wobei die meisten sich im Falle einer akuten Angstsituation wohl für die Flucht entscheiden würden – sondern verharren im Schreck. Die Folge ist, dass sie sich benommen, schwach, schwindelig und ohnmächtig fühlen. Erst danach läuft das körperliche System zu Hochtouren auf und aktiviert alle für die Flucht oder den Kampf notwendigen Ressourcen mit dem Ergebnis, dass die Betroffenen nervös, zittrig, unruhig oder fahrig werden. Je nach Stärke der sozialen Angst können diese psychischen Reaktionen in abgeschwächter Form auftreten oder im sich möglicherweise steigernden Verlauf der Krankheit zu einer Panikattacke werden. Je früher eine soziale Angst erkannt wird, desto eher lässt sich das Auftreten von Panikattacken vermeiden. Auch können sich im Verlauf der Krankheit die psychischen Reaktionen verändern, denn eine Angsterkrankung ist keineswegs ein starres Konstrukt, sondern eine sich mit der Persönlichkeit und den Umständen des Betroffenen entwickelnde Belastung.

Panikattacken

Panikattacken können im Zusammenhang mit starken Sozialen Ängsten als psychische Reaktion auftreten. Neben den bereits zuvor beschriebenen mentalen, körperlichen und psychischen Reaktionen bei einer Angstauslösenden Situation unterscheidet sich die Panikattacke dahingehend von den moderaten Angstgefühlen, dass die Symptome stärker zu spüren sind und von den Betroffenen mitunter als lebensbedrohlich wahrgenommen werden. Sie spüren dann regelrecht TodesAngst. Zudem können Taubheitsgefühle, Bauchschmerzen, Hitzewallungen und Erstickungsgefühle verstärkt auftreten. Der Betroffene spürt einen unkontrollierbaren Drang die gegenwärtige Angstauslösende Situation sofort und fluchtartig zu verlassen. Wird eine solche Panikattacke mit einer bestimmten sozialen Situation verknüpft, versuchen die Betroffenen das Auftreten dieser sozialen Situation in der Zukunft zu meiden. Durch das häufige Auftreten Sozialer Ängste befindet sich das hyperaktive Nervensystem in einer erhöhten Angstbereitschaft, was die Wahrscheinlichkeit für das Auftreten einer Panikattacke erhöht. Nicht selten versuchen die Betroffenen aus Angst vor der Angst die entsprechenden Sozialen Situationen zu meiden oder sich mit Beruhigungsmitteln zu „betäuben“, um einen annähernd normalen Tagesablauf zu ermöglichen. Beim

Auftreten von Panikattacken sollten eine mögliche Schilddrüsenfehlfunktion, eine Lebererkrankung, ein Nährstoffmangel oder die Wirkung eines Medikaments als Ursache ausgeschlossen werden, um einen therapeutischen geeigneten Ansatz zur Verbesserung auswählen zu können.

Die meisten Menschen schaffen es nur durch eine bewusste Auseinandersetzung mit ihren Ängsten, deren Ursachen, ihren Gedankenmustern und ihrem Verhalten den Panikattacken und Ängsten ein Ende zu bereiten. Dadurch, dass die Panikattacken auf einer intuitiven, körperlichen Ebene ausgelöst werden, sind die Betroffenen dieser Situation ohne Interventionsmöglichkeit auf mentaler Ebene ausgeliefert.

Die mentale Reaktion

Für die meisten Betroffenen beginnt mit dem Eintreten einer für sie nicht einschätzbaren oder vermeintlich nicht zu bewältigenden Situation auch eine stetig wiederkehrende Gedankenschleife. Diese zumeist negativen Gedanken bezüglich der eigenen Person und den eigenen Kompetenzen werden von einem mangelnden Selbstwertgefühl und einem negativen Selbstbild gespeist. Diese negativen Gedankenmuster wurden zumeist über Jahre genutzt und sind zu einem festen Bestandteil des Denkens geworden. Dementsprechend fällt es Betroffenen schwer sich in einer akuten Situation der sozialen Angst mit rationalen Argumenten zu beruhigen oder die Situation durch deeskalierende Gedanken zu entschärfen. Die negativen Gedankenmuster sind eng mit einem bestimmten Verhaltensrepertoire, vergangenen Erfahrungswerten und Erwartungen verknüpft und laufen automatisch ab. Sie sind zum einen Ursache für die soziale Angst und zum anderen Ausdruck derer.

Was genau findet vor, während und nach einer Angsteinflößenden Situation auf mentaler Ebene der Betroffenen statt? Zu einem großen Teil drehen sich die Gedanken der Betroffenen um die vermeintliche Unfähigkeit zur Bewältigung sozialer Interaktionen. Sie fürchten vor allem das Resultat vor einer nicht erfolgreichen sozialen Interaktion, also die damit einhergehende Blamage in Folge eines sozialen Fehltritts. Die Meinung über sich selbst als Person ist in diesem Fall keine gute und der Meinung der Außenstehenden wird Priorität zugesprochen. Die möglicherweise negative Bewertung der eigenen sozialen Verhaltensweise durch Außenstehende steht hier im Vordergrund. Miteinbezogen werden dabei das Aussehen, der Kleidungsstil, die verbale Kommunikation, die nonverbale Kommunikation, der Bildungsgrad, die Intelligenz und die sozialen Fähigkeiten. Das Urteil außenstehender Personen über die eigene Person ist Anlass für große Ängste: Die Angst vor Unterlegenheit, Blamage und Unfähigkeit.

Wie steht es um Ihre Ängste?

Vielleicht haben Sie sich in der ein oder anderen Beschreibung wiederfinden können und möchten nun selbst einschätzen, ob oder wie stark Sie unter einer sozialen Angst leiden. Dazu erwarten Sie in diesem Kapitel einige Fragen, anhand derer Sie sich ein genaueres Bild Ihrer Unsicherheiten oder Ängste machen können. Beachten Sie, dass diese Selbsteinschätzung die professionelle Untersuchung durch einen Arzt nicht ersetzen kann.

Beantworten Sie die folgenden Fragen intuitiv und ohne großes Nachdenken:

- Haben Sie Angst vor der Interaktion mit Autoritätspersonen?
- Haben Sie Angst davor alleine das Haus zu verlassen?
- Haben Sie Angst davor lange oder weit weg von zu Hause zu sein?
- Haben Sie Angst vor Menschenansammlungen?
- Haben Sie Angst vor dem Aufenthalt an öffentlichen Orten?
- Verspüren Sie während einer sozialen Interaktion körperliche Reaktionen, wie Zittern, Schweißausbrüche, Erröten, Atemnot oder Herzrasen?
- Verspüren Sie während einer sozialen Interaktion psychische Reaktionen, wie Ohnmachtsgefühle, Kontrollverlust, Schwächegefühl oder Unterlegenheit?
- Haben Sie schon einmal eine soziale Interaktion

aufgrund von Unbehagen gemieden?

- Beeinflussen Ihr Vermeidungsverhalten oder Ihr Unbehagen Ihren Alltag?

Wenn Sie mehr als drei dieser Fragen mit einem deutlichen „Ja!“ beantworten konnten, könnten Sie möglicherweise an einer sozialen Angst leiden. In diesem Falle können Sie Ihre Lebensqualität durch eine entsprechende Behandlung der Angst steigern! Sich des eigenen Problems bewusst zu werden, ist der erste Schritt auf dem Weg zur Heilung und sollte durchaus positiv bewertet werden! Und auch wenn Sie sich nun beruhigt sagen können, dass Sie nur zwei oder drei dieser Fragen mit „Ja“ beantworten konnten, sollten Sie an Ihrer Stressresilienz und an der Stärkung Ihres Selbstbewusstseins arbeiten, schließlich haben Sie soeben einen Schwachpunkt entdeckt, der sich mit ein wenig Einsatz in eine Stärke verwandeln lässt. Lassen Sie Ihr Potenzial nicht ungenutzt, denn auch Soziales Unbehagen kann sich steigern und zu einer sozialen Angst werden.

Kapitel 2: Die Ursachen der sozialen Angst

Die soziale Angst kann viele Ursachen haben und zumeist ist die Entstehung dieser Angsterkrankung nicht auf eine Ursache allein zurückzuführen, sondern wurde durch ein komplexes Zusammenwirken verschiedener Komponente begünstigt. Im Allgemeinen können folgende Faktoren die Entstehung einer sozialen Angst begünstigen:

- Traumatische, nicht aufgearbeitete Erlebnissen im Kindesalter, wie Mobbing, sozialer Ausschluss, Trennung der Eltern oder Tod einer wichtigen Bezugsperson
- Genetische Veranlagung
- Veränderung der Durchblutung oder Botenstoffe im Gehirn
- Generell ängstliche Persönlichkeitsstruktur
- Überbehüteter/ängstlicher Erziehungsstil durch die Eltern/Bezugspersonen
- Soziale familiäre Muster
- Fehlende emotionale Beziehung zu den Eltern/Bezugspersonen im Kindesalter
- Negative Denkmuster, wie Katastrophendenken
- Ein geringes Selbstbewusstsein/Selbstwertgefühl

Zudem kann die Konzentration auf die soziale Angst und

ihre psychischen und physischen Reaktionen die Angst verschlimmern. Dies kann Teil des Heilungsprozesses sein oder ein Anzeichen für die Verschlimmerung der Erkrankung.

Je genauer die Betroffenen über die Ursachen und die damit verbundene Entstehung der sozialen Angst kennen, desto leichter fällt es ihnen konstruktiv mit dieser Aufgabe umzugehen. So kann es den Betroffenen beispielsweise leichter fallen ihr „Schicksal“ zu akzeptieren, was den Umgang mit der Erkrankung wesentlich vereinfacht. Auch gibt die Ursachenforschung den Betroffenen Klarheit darüber, dass sie keinerlei Schuld an der Erkrankung trifft und sie nicht außergewöhnlich unsozial oder sozial inkompetent sind. Mit wachsender Greifbarkeit des Problems wird auch der Lösungsweg klarer, denn wenn beispielsweise negative Gedankenmuster die Hauptursache für die Erkrankung sind, kann genau an dieser Stelle interveniert und mit positiven, neuen Gedankenmustern gearbeitet werden. Vielen Betroffenen ist lange Zeit nicht bewusst, dass es sich bei der von ihnen verspürten Angst um eine tatsächliche Erkrankung handelt und es viele verschiedene Behandlungsmöglichkeiten gibt. Der offene und ehrliche Umgang ist Teil der Selbstreflexion, die zum Prozess der Heilung dazugehört.

Traumatische Erlebnisse

Die allermeisten Menschen haben in ihrer Kindheit traumatische Erlebnisse mitgenommen, denn es gibt viele Möglichkeiten ein solches traumatisches Erlebnis zu erleben. Zum einen kann ein Trauma durch Vernachlässigung, psychische Misshandlung, körperliche Misshandlung, sexueller Missbrauch, Trennung der Eltern, langanhaltende Belastung durch Stress, Tod einer Bezugsperson oder psychisch kranke Eltern ausgelöst werden. Nehmen wir als Beispiel ein Kind, das von seiner Bezugsperson wiederholt psychischen Misshandlungen ausgesetzt war. Anstatt mit Liebe, Anerkennung und Unterstützung gesegnet zu werden, musste dieses Kind in seinen frühsten Jahren, die es für den Rest seines Lebens prägen sollten, Demütigung, Misstrauen und Missachtung erfahren. Bei einem einmaligen psychischen Missbrauch leiden Kinder, sie machen dabei aber keine langfristige und wiederkehrende Lernerfahrung. Erst bei wiederkehrenden und häufigen negativen Erfahrungen bezüglich der sozialen Interaktion werden starke negative Muster übernommen. Nicht zuletzt entwickelt das Kind bereits während seiner frühen Kindheitsjahre eine entsprechende Angst vor sozialer Interaktion, die bei wiederkehrenden negativen Erfahrungen mit einer entsprechend negativen Erwartungshaltung gekoppelt werden. Diese bleibende Erinnerung wird Teil des frühkindlichen/kindlichen

Erfahrungsschatzes und die Möglichkeit besteht, dass diese negativen Erfahrungen zu einem Faktor für die Entstehung sozialer Angst wird. Nicht jeder Mensch entwickelt nach einer traumatischen Erfahrung im Kindesalter eine soziale Angst, denn die Bewältigungsstrategien sind ganz unterschiedlich und unterschiedlich wirkungsvoll. Auch im Falle von traumatischen Erlebnissen als Ursache für die Entstehung sozialer Angst ist es wichtig zu berücksichtigen, dass auch hier ein komplexes Zusammenspiel verschiedener Faktoren die Grundlage ist.

Genetische Veranlagung

Inwieweit Menschen sozial aktiv und interessiert sind, hängt auch von ihrer genetischen Disposition ab. Nicht jeder Mensch hat das gleich große Bedürfnis nach sozialer Interaktion. Forscher, wie Arlin Cuncic oder die Psychiaterin Professor Katharina Domschke vom Universitätsklinikum Münster haben mittlerweile belegen können, dass eine bestimmte genetische Disposition für die soziale Aktivität von Menschen und Tieren mitverantwortlich ist. Laut Professor Katharina Domschke vom Universitätsklinikum Münster gibt es rund 30-100 Gene, deren komplexes Zusammenspiel für die Entstehung von Ängsten relevant ist. Diese genetischen Varianten sind im Blut messbar und geben in kurzer Zeit Aufschluss über mögliche genetische Veranlagungen zur Angst oder Angsterkrankung. Somit steigt, dank der Fortschritte innerhalb des Forschungskreises der Genetik, die Möglichkeit sehr genau herauszufinden, warum Betroffene an Ängsten leiden und wie ihnen möglichst effektiv geholfen werden kann. Laut Professor Katharina Domschke vom Universitätsklinikum Münster haben Eltern, Kinder und Geschwister eines an einer Angsterkrankung leidenden Menschen ein drei- bis sechsfach erhöhtes Risiko selbst an einer Angsterkrankung zu leiden. Nach Arlin Cuncic sind insgesamt 30-40% der gesamten Angsterkrankungen auf genetische Veranlagung zurückzuführen. Auch wenn die

Wahrscheinlichkeit an der sozialen Angst zu erkranken durch eine entsprechende genetische Disposition erhöht ist, bedeutet dies nicht, dass die Krankheit zwangsläufig ausbrechen muss. Hier ist das Zusammenspiel verschiedener für den Ausbruch der Krankheit relevanten Fakten interessant! Die Gene alleine machen also noch keine Angsterkrankung aus, sondern erst im Zusammenspiel mit schwierigen familiären Verhältnissen, einem gestörten Botenstoffwechsel im Gehirn, traumatische Kindheitserfahrungen und/oder ein überbehüteter und ängstlicher Erziehungsstil der Eltern sorgt dann für den tatsächlichen Ausbruch der Angsterkrankung. Die Entstehung und der Ausbruch einer Angsterkrankung bezieht sich in den seltensten Fällen auf einen Faktor, sondern ist zumeist auf einem komplexen Zusammenspiel vieler Faktoren begründet.

Chemische Veränderungen im Gehirn

Bei Menschen mit einer sozialen Angst liegt eine Veränderung des Niveaus der verschiedenen Neurotransmitter vor. Die relevanten Neurotransmitter sind Serotonin, Adrenalin, Dopamin, Noradrenalin, Gamma-Amino-Buttersäure (GABA) und Glutamat. Ein niedriges Niveau dieser Neurotransmitter hat zur Folge, dass die Informationsübertragung von Nervenzelle zu Nervenzelle nicht mehr in ausreichender Form stattfinden kann. Die Folge dessen kann unter anderem die Erkrankung an sozialer Angst sein. Durch ärztliche Tests kann das Niveau dieser Neurotransmitter bestimmt werden. Glücklicherweise gibt es die Möglichkeit das Ungleichgewicht der Neurotransmitter durch verschreibungspflichtige Medikamente auszugleichen und somit für die signifikante Verbesserung der Lebensqualität der Betroffenen zu sorgen. Nun stellt sich für jeden interessierten Menschen die Frage, wie es zu einer solchen Störung des Botenstoffwechsels im Gehirn kommt. Die Funktion des Gehirns und somit auch die Funktion der Botenstoffe (Neurotransmitter) hängt von rund 40 verschiedenen Substanzen und deren Gleichgewicht ab. Hier wird schnell klar, welchen großen Stellenwert eine gesunde Ernährung für die reibungslosen Abläufe im Gehirn hat. Beispielsweise ist der regelmäßige Verzehr gesättigter Fettsäuren und Transfette ebenso kontraproduktiv für die Leistung des Gehirns, wie ein langfristiger Mangel an Antioxidantien, Folsäure, Vitamin B und Flüssigkeit. Um das Gehirn in seiner Funktion optimal zu unterstützen, sind der Verzehr von komplexen Kohlenhydraten, Fettsäuren, Aminosäuren, Vitaminen und Mineralstoffen wichtig – aber nicht immer ausreichend. Mittlerweile gibt es verschiedene Medikamente, die bei einer Störung des Botenstoffhaushalts eingesetzt werden können! Neben einer mangelhaften Ernährung können aber auch eine genetische Disposition, Giftstoffe, Viren, Bakterien und äußere Einwirkungen für die Störung im Botenstoffhaushalt verantwortlich sein. Ein weiterer häufiger Grund ist die mangelnde Durchblutung des Gehirns, welches rund 20% der gesamten Blutmenge zur einwandfreien Funktion benötigt. Das Gehirn ist in verschiedene Aufgabenbereiche unterteilt, von denen vor allem das limbische System, das Stammhirn und der präfrontale Cortex für die Entstehung von Ängsten wichtig sind. Interessant ist, dass bei Menschen mit sozialer Angst ein bestimmter Teil des limbischen Systems (welches für die Angst zuständig ist), die Amygdala, in einer Angsteinflößenden sozialen Situation besonders stark durchblutet wird. Im Vergleich dazu ist während einer sozialen Interaktion bei Menschen ohne Sozialen Ängsten die Großhirnrinde besonders stark durchblutet, was die rationale Bewertung der Situation ermöglicht.

Überbehüteter/ängstlicher Erziehungsstil

Während die Vernachlässigung der Kinder durch die Eltern oder Bezugspersonen als Form der Misshandlung gilt, hat sich in den letzten Jahren und Jahrzehnten ein mindestens ebenso schädlicher Erziehungsstil ausgebreitet: Der überbehütete Erziehungsstil. Bei diesem Erziehungsstil steht nicht die Kompetenz des Kindes im Vordergrund, sondern vor allem die Ängste der Eltern. Während die Vernachlässigung als Misshandlung eingestuft wird, können unterschwellig und verdeckt aggressive Eltern ihre Kinder durch einen überbehüteten Erziehungsstil unter dem Deckmantel der Fürsorge misshandeln. Denn in einem sind sich Kinderpsychiater mittlerweile einig: Der überbehütete Erziehungsstil ist mindestens genauso schädlich, wie die Vernachlässigung von Kindern. Es ist also kein Wunder, dass die Folgen für die Betroffenen ähnlich schrecklich sind. Bei einem überbehüteten Erziehungsstil geht es vor allem darum die Kinder vor allen negativen Erfahrungen fernzuhalten. So werden die Kinder wichtigen Lernerfahrungen beraubt, denn bereits eine entwicklungsgerechte, zumeist körperliche Auseinandersetzung zwischen Kleinkindern wird von den sogenannten „Helikoptereltern“ als zu verhindernde Aggression eingestuft. Kinder lernen auf diese Weise, dass ihre eigenen Aggressionen nicht als Teil ihres Verhaltensrepertoires geduldet werden – aber wohin mit den Aggressionen? Des

Weiteren fehlen den Kindern wichtige Lebenserfahrungen, die sie auf die großen Erfahrungen und Entscheidungen im späteren Leben vorbereiten. Während schon der Schulweg als potenzielle Gefährdung eingestuft wird, wird den Kindern vermittelt, dass die Umgebung grundsätzlich gefährlich und ihre Kompetenz als Mensch nicht ausreichend ist. Auf diese Weise werden nicht nur unbegründete Ängste übernommen, sondern die Kinder können aus ihren Ängsten und vorenthaltenen Aufgaben nicht lernen. Emotionale Stabilität und Selbstständigkeit sind die Grundvoraussetzung für ein angstfreies und gesundes Leben – und genau diese beiden Kompetenzen bleiben bei einem überbehüteten Erziehungsstil auf der Strecke. Die fehlenden Erfahrungen können bewusst im Erwachsenenalter aufgegriffen werden. Auch wenn wichtige Erfahrungen in der Kindheit ausblieben und übermäßige Ängste durch die Eltern vermittelt wurden, können die Betroffenen durch die bewusste Reflexion und persönliche Weiterentwicklung Resilienz entwickeln.

Soziale familiäre Muster

Wir Menschen lernen besonders im Kindesalter durch Nachahmung unserer Bezugspersonen verschiedene Verhaltensweisen. Durch das Beobachten und Imitieren der Bezugspersonen schafft sich ein Kind ein individuelles Verhaltensrepertoire, das natürlich im hohen Grade von dem Verhalten der Bezugspersonen abhängig ist. Somit kann es durchaus sein, dass ängstliches Verhalten erlernt ist und sich später aufgrund ungünstigen Zusammenwirkens verschiedener Faktoren daraus eine soziale Angst entwickelt. Eltern, die selbst soziale Ängste haben oder soziales Unbehagen verspüren, sind ihren Kindern in diesem Fall ein Beispiel. Die meisten Kinder werden sich an dem Verhalten ihrer Eltern orientieren und zumindest die Grundstimmung der Eltern innerhalb der beobachteten Situation imitieren. Sollten die Eltern ihr eigenes Problem nicht angehen oder dies mit den Kindern kommunizieren, wird es nicht zu einer Auflösung des Verhaltens durch die Kinder kommen. Somit haben die das Verhalten imitierenden Kinder keine Möglichkeit ihr eigenes Verhalten im Kindesalter zu optimieren. Erst im Jugend- und Erwachsenenalter gehen Kinder wesentlich kritischer mit dem Verhalten ihrer Eltern um und bewerten dies aus einer unabhängigen Position heraus, die es ihnen ermöglicht übernommene Verhaltensweisen zu korrigieren. Dies mag zunächst den Anschein erwecken, dass Eltern in allen Lebenslagen kompetent oder gar perfekt zu sein haben, allerdings ist dies ein unrealistischer Anspruch und so ist für Betroffene immer zu berücksichtigen, dass andere Eltern anderes unglückliches Verhalten bezüglich anderer Bereiche an ihre Kinder weitergeben und es somit für jeden Menschen zur Lebensaufgabe gehört die eigenen Schwachpunkte – auch wenn diese als Verhalten von den Eltern übernommen wurde – auszubessern. Die Prägung durch soziale familiäre Muster ist also die Grundlage für eine verstärkte Entwicklung genau dieser Verhaltensweisen. Diese erlernten Verhaltensweisen können therapeutisch aufgearbeitet und verändert werden.

Fehlende emotionale Beziehung zu den Eltern/Bezugspersonen

Positive und negative Emotionen gehören zu jeder Beziehung dazu. Eine gute Beziehung zeichnet sich dadurch aus, dass die positiven Emotionen überwiegen und die negativen Emotionen konstruktiv eingebunden werden. Dies garantiert das Wachstum der individuellen Persönlichkeiten, sowie das der Beziehung an sich. Besonders für Kinder ist es wichtig zu lernen, welchen Stellenwert positive und negative Emotionen innerhalb einer gesunden Beziehung haben. Dies ermöglicht es den Kindern nicht nur viel über sich selbst zu lernen, sondern auch die Abläufe innerhalb einer gesunden Beziehung zu erlernen. Das vermittelt den Kindern Sicherheit, Geborgenheit, Liebe und Anerkennung. Auf diese Weise können Kinder wachsen und sich entfalten. Was aber hat eine fehlende emotionale Beziehung zu den Eltern oder Bezugspersonen für Konsequenzen für die Kinder? Den Kindern wird die Möglichkeit genommen innerhalb eines geschützten Rahmens soziale Kompetenzen zu entwickeln. Eine enge, intensive Bindung gehört zum Grundbedürfnis jedes Kindes und ist der Grundstein für jede weitere Entwicklung. Besonders hinsichtlich der Entwicklung sozialer Kompetenzen kann es für die betroffenen Kinder schwierig sein gesunde soziale Fähigkeiten zu entwickeln. Vielmehr besteht das erhöhte Risiko, dass die emotional vernachlässigten Kinder sich in dem komplexen sozialen Spektrum der Gesellschaft nicht positionieren und zurechtfinden können, was wiederum die Entstehung von sozialen Ängsten begünstigt. Nicht selten hat das ablehnende Verhalten der Eltern gegenüber dem Kind zur Folge, dass das Kind sich selbst ablehnt und nicht als liebenswürdig einstuft. Zudem ahmen Kinder das Verhalten ihrer Bezugspersonen nach und wenn diese keine gesunde emotionale Beziehung zum Kind aufbauen können, wird das Kind diese Form von Beziehung für lange Zeit als die grundlegende Beziehungsform annehmen. Diese fehlenden positiven und wertvollen Beziehungserfahrungen können im Erwachsenenalter bewusst aufgearbeitet werden.

Katastrophendenken

Das Katastrophendenken gleicht einem gedanklichen Zwang bezüglich der Vorstellung schlimmster Vorahnungen und geht oftmals mit dem „Wenn… dann…“-Denken einher. So wird beim Katastrophendenken beispielsweise der ausbleibende Anruf der Freundin als Anlass für die gedanklichen schrecklichsten Szenarien genommen – auch wenn es für dieses mentale negative Szenario so keine Berechtigung besteht. Der ausbleibende Anruf ist für Menschen mit Katastrophendenken bezüglich einer sozialen Angst dann der sichere Beweis dafür, dass bei der letzten sozialen Interaktion ein großer Fehler seitens der Betroffenen begangen wurde. Dieser Entwicklung auf gedanklicher Ebene müssen keine zwingenden Beweise zugrunde liegen. Die Betroffenen sehen diese fehlerhafte Schlussfolgerung jedoch nicht, sondern steigern sich zumeist in ihr Katastrophendenken hinein. Das Gefühl der Machtlosigkeit übermannt die Betroffenen und versetzt sie zurück zu vergangenen Ereignissen, die als Erfahrungswert zur Bewertung dieser Ereignisse herangezogen werden. Anstatt überwiegend rational zu agieren, wird sich hier auf zumeist kindliche emotionale Reaktionen gestützt, die nicht zur tatsächlichen Situation passen wollen. Und genau in der zur Bewertung der momentanen Situation herangezogenen vergangenen Erfahrungen liegt die Ursache für das Katastrophendenken:

Negative Erfahrungen, die nicht überwunden und bearbeitet wurden können im Erwachsenenalter kaum rational bewertet werden. Die Betroffenen haben keine Möglichkeit Resilienz zu entwickeln und ihrer Opferrolle zu entfliehen. Diese subjektive, negative Wahrnehmung der Situation lässt sich nicht mit dem objektiven Ereignis abgleichen und die produktive Auswertung von Fakten kann nicht stattfinden. Die stetig wiederholten negativen Gedankenmuster brennen sich tief ins Unterbewusstsein der Betroffenen ein und werden somit zum mentalen Fundament. Es steht ganz außer Frage, dass dieses Katastrophendenken die Lebensqualität der Betroffenen beträchtlich senkt und eng mit der Entwicklung von Ängsten zusammenhängt. Oftmals lässt sich nicht genau sagen, was zuerst entstanden ist: Die soziale Angst oder das Katastrophendenken. Beide Erkrankungen beruhen auf ähnlichen Entstehungsfaktoren und können sich wechselseitig beeinflussen.

Selbstwertgefühl und Selbstbewusstsein

Ein geringes Selbstwertgefühl oder Selbstbewusstsein entsteht nicht von heute auf morgen, genau wie ein starkes Selbstwertgefühl oder Selbstbewusstsein nicht über Nacht entsteht. Im Folgenden werden die Begriffe Selbstwertgefühl und Selbstbewusstsein synonym gebraucht. Die Entwicklung des Selbstwertgefühls beginnt im frühsten Kindesalter und ist stark abhängig von der elterlichen Fürsorge. Im Hinblick auf eine Angsterkrankung spielt vor allem die Frage nach der konstruktiven Bewältigung von natürlichen und notwendigen Ängsten eine große Rolle. Dazu ist ein vertrauensvolles Fundament wichtig, welches Kinder bereits im Säuglingsalter durch ihre Eltern vermittelt bekommen: Wurden die Bedürfnisse nach Nahrung und Geborgenheit befriedigt? Im Kleinkindalter geht es dann weiterführende Entwicklung hinsichtlich der kleinkindlichen Kompetenzen. Welche Freiheiten zur Erprobung von Fähigkeiten und Fertigkeiten hat das Kind und in welchem Maße kann sich das Kind der Liebe und der Unterstützung seiner Eltern sicher sein? Natürlich spielen viele größere und kleine Faktoren bei der Entstehung des Selbstwertgefühls eine Rolle und es gibt kein garantiertes Erfolgsrezept. Das Selbstwertgefühl lässt sich auch im Erwachsenenalter nachhaltig durch verschiedene Übungen und Therapien stärken, sodass die Lebensqualität der Betroffenen deutlich steigt. Menschen mit einem starken Selbstwertgefühl haben die Kraft und die Kompetenz auf ihre Fähigkeiten zu Vertrauen, sich Herausforderungen zu stellen und den täglichen Anforderungen zu begegnen. Ganz anders sieht es bei Menschen mit einem niedrigen Selbstwertgefühl aus. Gedanklich beschäftigen sich diese Menschen häufig mit ihrer eigenen, vermeintlichen Unzulänglichkeit, mit ihren Schwächen und ihren Fehlern. Gedanklich sind die Betroffenen weit weg davon sich selbst eine gute Stütze zu sein, indem sie auf die eigenen Fähigkeiten und Kompetenzen vertrauen. Die eigene Person wird übermäßig häufig kritisiert – und das nicht unbedingt konstruktiv. Diese ängstliche, entmutigende Haltung gegenüber der eigenen Kompetenz, lässt verschiedenste Ängste entstehen.

Kapitel 3: Die Folgen der sozialen Angst

Die Folgen der sozialen Angst für die Betroffenen kann ganz unterschiedlich sein, je nachdem, wie genau sich die soziale Angst in ihren individuellen Facetten bei den Betroffenen zeigt. In den meisten Fällen hat die soziale Angst vor allem den sozialen Rückzug zur Folge, denn schließlich möchten die Betroffenen soziale Interaktion, beziehungsweise die individuellen angstauslösenden Situationen, meiden. Abhängig davon, in welchem Lebensjahr die soziale Angst auftritt, kann sie auch eine negative Auswirkung auf den beruflichen Werdegang haben. Die Betroffenen leben meist zurückgezogener als ein durchschnittlich sozial aktiver Mensch und widmen sich einen unterschiedlich großen Teil ihres Tages der Vermeidung der angstauslösenden Situationen. Nicht selten leiden die Betroffenen nicht nur allein unter der sozialen Angst, sondern auch unter möglichen Folgeerkrankungen wie Depressionen, was natürlich weitere unangenehme Symptome und Einschränkungen mit sich bringt. Besonders die Betroffenen, die sich nicht in therapeutischer Behandlung befinden, haben ein erhöhtes Risiko auf frei erhältliche Beruhigungsmittel, Alkohol, Drogen oder übermäßigen Lebensmittelkonsum zur kurzfristigen Entspannungsmaßnahme zurückzugreifen. Die Folgen dieser ungesunden Lebensweise können schwerwiegend sein und weitere körperliche und psychische Erkrankungen mit sich bringen. Nicht selten entstehen aus dem Drang heraus die Angst zu vermeiden und möglichst in keine angsteinflößenden Situationen zu geraten ein perfektionistischer Druck, der sogar in Zwangsstörungen, Burnout, Herz-Kreislauf-Probleme und Panikattacken übergehen kann. Die allgemein möglichen Folgen sind in für jeden Betroffenen in dem Maße individuell, wie sich die soziale Angst in ihrem Alltag zeigt und wie auf diese Angst reagiert wird.

Die Folgen für den Alltag

Für gesunde Menschen ist ein Alltag mit Ängsten nur schwer vorstellbar. Allein die körperlichen und psychischen Symptome der sozialen Angst an sich stellen eine Einschränkung des alltäglichen Ablaufs dar. So ist es beispielsweise einigen Betroffenen nicht möglich ohne Stress berufliche Termine wahrzunehmen oder öffentliche Verkehrsmittel zu nutzen. Je nach stärke der Angst müssen die Betroffenen befürchten durch eine unerwartete Konfrontation eine Panikattacke oder andere starke körperliche und psychische Symptome zu erleiden. Damit verbunden ist auch die Angst, dass andere Menschen auf die körperlichen und psychischen Symptome aufmerksam werden könnten, weswegen möglicherweise angsteinflößende Situationen vermieden werden. Die Angst beherrscht dann den Alltag und lähmt die Betroffen in ihrer Handlungsfähigkeit. Es erklärt sich von selbst, dass ein Alltag mit bereichernden Aktivitäten und einem hohen Wohlbefinden nicht zum ständigen Begleiter der Angst passen. So sorgen sich Menschen mit sozialen Ängsten überdurchschnittlich häufig darüber, was andere Menschen über sie denken mögen und schämen sich für die Art ihrer sozialen Interaktion. Die Angst unterliegt dann keiner Kontrolle mehr und kann nicht nur rationale Überlegungen abgelegt werden. Die Bereiche, die Menschen ohne eine Angsterkrankung normalerweise Sicherheit und Alltagsstruktur bieten, werden für Menschen mit einer sozialen Angst unter Umständen zu einer täglichen Belastungsprobe. Berufliche oder private Herausforderungen können nicht wahrgenommen werden. Häufige Fehlzeiten in Schule, Studium oder Beruf können überdurchschnittlich hoch sein. Nicht jedem Betroffen ist bewusst, dass sie unter einer Angsterkrankung leiden und versuchen ihre unerklärlichen Symptome vor anderen zu verstecken und die Zusammenhänge vor sich selbst zu leugnen. Dieses Versteckspiel kostet die Betroffenen viel Energie, genauso wie der bewusste Umgang mit der Angst.

Die schulischen und beruflichen Folgen

Viele von sozialen Ängsten betroffene Menschen bleiben, was ihre schulische und berufliche Leistung angeht, weit unter ihren Fähigkeiten. Dies hängt damit zusammen, dass möglicherweise im schulischen oder beruflichen Zusammenhang angsteinflößende Situationen gemieden werden und dementsprechend nicht alle schulischen und beruflichen Chancen wahrgenommen werden können. Zumeist treten die ersten Tendenzen hin zur sozialen Angst bereits im Kindheits- und Jugendalter auf. Dies bedeutet für die Kinder und Jugendlichen, dass sie sich zur Vermeidung ihrer Ängste oder Unsicherheiten viele Situationen meiden, in denen sie ihr Wissen und ihre Fertigkeiten anwenden und erweitern könnten. Für die Betroffenen ist nicht nur die Vermeidung ihrer Angst wichtig, sondern auch, dass Mitschüler und Lehrer die körperlichen Symptome wie Erröten oder Zittern nicht wahrnehmen. Dies bedeutet vor allem für Kinder, dass sie häufig als schüchtern und introvertiert eingestuft oder gar übersehen werden. Das ist besonders schade, da die frühe Intervention und der frühe Beginn therapeutischer Maßnahmen den betroffenen Kindern die Intensivierung ihrer Ängste und die damit einhergehenden weitreichenden Folgen erspart bleiben könnten. Nicht selten verlassen Jugendliche mit sozialen Ängsten oder Unsicherheiten die Schule früher, als Jugendliche ohne soziale Ängste.

Um das psychische Gleichgewicht aufrechtzuerhalten, wird von vielen der Rückzug aus dem schulischen Umfeld als weniger einschränkend empfunden. Hier wird die kurzfristige und direkte Angstvermeidungsstrategie höher gewertet, als die berufliche, schulische und persönliche Weiterentwicklung. Je früher die Vermeidungsstrategie und somit das Fernbleiben der Bildungseinrichtung stattfindet, desto größer sind die Einbußen auf beruflicher Ebene. Zudem führt der soziale Rückzug während der Schulzeit dazu, dass die Kinder und Jugendlichen ihre sozialen Fähigkeiten nicht ausreichend trainieren können, was die sozialen Ängste und Unsicherheiten zusätzlich schüren kann.

Die gesundheitlichen Folgen

Die gesundheitlichen Folgen der sozialen Angst sind natürlich abhängig von der genauen Form der sozialen Angst und den daraus resultierenden Folgen für den Alltag der Betroffenen. Grundsätzlich ist auch zwischen den psychischen und körperlichen Folgen zu unterscheiden. Die psychischen Folgen einer nicht behandelten sozialen Angst können Panikattacken, Depressionen, Burn Out und weitere Angsterkrankungen sein. Die ständige im Alltag präsente Angst lässt viele Betroffenen auch kaum Ruhe finden, weswegen sie häufig nervös, unruhig und unausgeglichen wirken. Fehlende Ruhe und Erschöpfung kann zur Folge haben, dass die Betroffenen sich schlechter konzentrieren können und sich häufig kraftlos fühlen. Die psychischen und körperlichen Facetten der sozialen Angst beeinflussen sich meist wechselseitig. So kann der nervöse und ängstliche Zustand beispielsweise zu Kopfschmerzen, Zähneknirschen, Ohrensausen, Schwindel, Herzrasen, Atemnot, Schweißausbrüche, Appetitlosigkeit, Heißhungerattacken, Verdauungsstörungen, Schlafstörungen, Potenzschwäche und Muskelverspannungen. Es ist nicht zu leugnen, dass auch diese körperlichen Folgeerkrankungen wiederum einen negativen Einfluss auf die psychische Gesundheit haben. Dies kann zur Verstärkung der sozialen Ängste oder zur Entwicklung weiterer Ängste führen. Hinzu kommt, dass viele Angstpatienten zu Alkohol, Medikamenten, Drogen oder ähnlichen beruhigenden Substanzen greifen, um sich im Alltag zumindest zeitweilig von ihrer Angst zu befreien. Dieser recht ungesunde Lebenswandel bringt natürlich auch seine gesundheitlichen Folgen mit sich. So können beispielsweise aufgrund langfristigem Alkoholkonsum Organschäden entstehen. Betroffene, die zur kurzfristigen Beruhigung oftmals zu zuckerhaltigen Lebensmitteln greifen, machen sich die dopaminähnliche Wirkung des Zuckers zunutze. Auf langer Sicht kann dies aber die Bauchspeicheldrüse schädigen, was nicht nur zu regelmäßigen Verdauungsstörungen, sondern schlimmstenfalls auch zu einer Insulinresistenz führen kann. Für viele Betroffene geht mit der Vermeidung der Ängste auch der soziale Rückzug und die Isolation einher. Dies hat erwiesenermaßen auf die psychische und auf die körperliche Gesundheit einen nachhaltig negativen Einfluss, da der Mensch zur Bewältigung seiner Entwicklungsaufgaben und zur Aufrechterhaltung der psychischen Stabilität auf die soziale, positive Interaktion mit anderen Menschen angewiesen ist.

Die sozialen Folgen

Je früher der soziale Rückzug zur Vermeidung der Ängste stattfindet, desto gravierender mögen die sozialen Folgen für die Betroffenen sein. Beginnt der soziale Rückzug beispielsweise bereits im Kindes- und Jugendalter kann ein für diese Periode des Lebens äußerst wichtiger Lernprozess nicht stattfinden: Das Erlernen sozialer Kompetenzen. Das Erlernen sozialer Kompetenzen gilt als Grundlage für die schulische, berufliche und persönliche Entwicklung, denn nur durch ausreichend soziale Kompetenzen wird der konstruktive Austausch mit Lehrern, Schülern und Kollegen erst möglich. Die Vermeidung von sozialer Interaktion sollte zu keiner Zeit im Leben im Vordergrund stehen, denn dadurch können andere wichtige Entwicklungsaufgaben nicht wahrgenommen werden. Für die psychische und auch körperliche Gesundheit ist es von grundlegender Wichtigkeit positive soziale Kontakte und soziale Interaktion in den Alltag zu integrieren. Nicht nur, weil durch die regelmäßige soziale Interaktion die sozialen Kompetenzen gestärkt werden, sondern auch weil der Mensch als soziales Wesen den sozialen Kontakt zu anderen Menschen benötigt. Durch positive soziale Kontakte wird nicht nur das Risiko für die Erkrankung an psychischen Krankheiten verringert, sondern auch die Stressresilienz gestärkt, was sich wiederum positiv auf die Herz-Kreislauf-Gesundheit und das Immunsystem auswirkt. Um das eigene Potenzial gänzlich ausschöpfen zu können, sind wir Menschen auf die Unterstützung durch andere Menschen angewiesen. Dies gilt sowohl für das berufliche Leben, als auch für das private Leben. Dabei gilt es zu beachten, dass nicht nur der soziale Kontakt an sich wichtig ist, sondern auch die Qualität der Beziehung! Stimmt die Qualität der Beziehung, kann diese Beziehung zu einem Ruhepol im Alltag werden!

Die Eigenbehandlung mit beruhigenden Substanzen

Natürlich ist eine Angsterkrankung eine starke Belastung für die Betroffenen und nicht jeder Betroffene möchte therapeutische Hilfe in Anspruch nehmen oder ist sich seiner Erkrankung bewusst. Dennoch benötigen die Betroffenen eine Möglichkeit im Alltag Entspannung zu verspüren und betreiben bewusst oder unbewusst die „Eigenbehandlung" mit beruhigenden Substanzen wie Alkohol, Cannabis oder anderen Drogen. Nun ist sich die Wissenschaft immer noch nicht ganz einig, ob der Konsum solcher Substanzen die Entstehung von Psychosen verursacht oder „nur" beschleunigt. Klar ist aber, dass psychische Probleme Menschen besonders häufig dazu verleitet beruhigende Substanzen zu sich zu nehmen. Menschen mit sozialen Ängsten haben beispielsweise ein erhöhtes Risiko für einen problematischen Cannabiskonsum. Zunächst scheint die Eigenbehandlung mit Cannabis zu wirken, denn die sozialen Ängste werden durch den Cannabiskonsum gelindert. Fakt ist jedoch, dass der Konsum auf langfristiger Sicht die Angstsymptome verstärkt und die Betroffenen somit in eine abwärts gerichtete Spirale geraten, an deren Ende sogar der Ausbruch einer Psychose steht. Dabei ist der Cannabiskonsum als solches nicht die Ursache für die Psyche, sondern ein Baustein von vielen, die für den Ausbruch der Psychose verantwortlich sind. Eine weitere Droge, die häufig von Menschen mit sozialen Ängsten konsumiert wird, ist Alkohol. Der Konsum von Alkohol ermöglicht es den Betroffenen die Ängste und die damit einhergehenden Symptome zumindest für eine kurze Zeit zu unterdrücken. Dies ist besonders praktisch, wenn eine unumgängliche soziale Interaktion bevorsteht. Der mäßige Konsum von Alkohol hat für viele Betroffene keine langfristigen verheerenden Auswirkungen. Wird jedoch zu häufig auf das „Beruhigungsmittel“ Alkohol zurückgegriffen, kann es zu einer Alkoholabhängigkeit kommen. Diese führt langfristig zu Schäden der Organe (vor allem der Leber) und kann die Entstehung weiterer Angsterkrankungen begünstigen. Die Betroffenen geraten ähnlich wie beim Konsum von Cannabis in eine abwärts gerichtete Spirale. Aufgrund der schleichenden Ausbildung einer sozialen Angst und der möglicherweise schon frühen „Eigenbehandlung“ durch Cannabis, Alkohol oder andere Drogen, ist es nicht immer leicht nachzuvollziehen, ob der Drogenkonsum die Entstehung der sozialen Angst begünstigt hat oder ob die soziale Angst die Entstehung der Drogenabhängigkeit begünstigt hat.

Kapitel 4: Die verschiedenen Behandlungsmöglichkeiten

Unsere Welt ist unglaublich vielseitig und so stehen Betroffenen der sozialen Angst glücklicherweise auch mehr als eine Türe zur Heilung offen. Einige dieser Methoden werden in diesem Kapitel vorgestellt, sodass Sie sich ein umfassendes Bild über die verschiedenen Ansatzpunkte der Heilungswege bilden können. Nicht jede Behandlungsform passt zu jedem Betroffenen, aber für jeden Betroffenen gibt es eine passende Behandlungsform, die es zu finden gilt. Die Ansätze der in diesem Kapitel vorgestellten Behandlungsmöglichkeiten sind grundverschieden: Von psychotherapeutischer Behandlung über Meditation bis hin zur Behandlung mit homöopathischen Mitteln sind viele verschiedene Inspirationen hinsichtlich des Heilungsweges vertreten. Die Inspiration bezüglich der verschiedenen Heilungswege ist bewusst offen gehalten, um Betroffenen aufzuzeigen, dass es mehr als einen Heilungsweg gibt und neben den konventionellen Heilungsmethoden noch viele weitere Chancen auf Heilung. Es kann durchaus helfen zwei oder mehrere Behandlungsmethoden miteinander zu kombinieren, um den größtmöglichen Effekt zu erzielen und aus mehreren Behandlungsmethoden die größtmöglichen Vorteile zu genießen. Die Fortschritte in den verschiedenen Bereichen wirken sich positiv und verstärkend auf die anderen Lebensbereiche und Behandlungsmethoden aus und dennoch gilt, dass mehr nicht gleich mehr ist. Es gilt, dass der gewählte Heilungsweg möglichst wenig Stress und Druck verursachen sollte, um die Sozialen Ängste im Alltag nicht zu verschlimmern. Natürlich geht es auch darum einige Hürden zu überwinden, eingefahrene Gewohnheiten zu verändern und alte, negative Verhaltensformen abzulegen. Diese positive Anstrengung sollte aber nicht mit einem unnatürlichen Druck verwechselt werden, den eine unpassende Behandlungsform auslösen kann. Die Betroffenen können gemäß ihrer natürlichen Begabungen und Neigungen die für sie passende Behandlungsform aussuchen und erproben!

Die kognitive Verhaltenstherapie

Bei der häufig angewandten kognitiven Verhaltenstherapie wird zunächst zusammen mit dem Betroffenen herausgefunden, wann und warum die entsprechenden sozialen Ängste entstanden sind. Dies nimmt jedoch nur einen kleinen Teil der kognitiven Therapie ein. Die Erkenntnis darüber wird zumeist in einem Prozess entwickelt und kann dann dem Betroffenen dabei helfen zu verstehen, wie möglicherweise stark belastende Ereignisse in der Vergangenheit mit den in der Gegenwart erlebten Stresssituationen zusammenhängen. Diese Verknüpfung entlastet viele Betroffenen von dem Glauben, dass sie „nicht normal" oder körperlich krank seien. Dementsprechend stellt dies die Grundlage für alle weiteren Therapieschritte dar. Häufig wird die kognitive Verhaltenstherapie mit der ebenfalls in diesem Kapitel vorgestellten Konfrontationstherapie kombiniert. Dabei stellt sich der Betroffene entweder mental oder tatsächlich seinen sozialen Ängsten, um sich mit den körperlichen und psychischen Abläufen innerhalb dieser Situation vertraut zu machen. In einem weiteren Schritt erarbeitet sich der Betroffene dann die Erkenntnis darüber, in welchem Maße Fehler bei der Einschätzung von eigentlich ungefährlichen Situationen gemacht werden. Hier kann besonders Betroffenen mit Katastrophenfantasien geholfen werden eine realistischere Sicht auf die sonst angstauslösenden Situationen zu erlangen. So spielen die Erkenntnis über die Ursachen für die Angst, die Kenntnis über die körperlichen und psychischen Vorgänge und das Wissen über die Fehleinschätzung der Situation zusammen und helfen den Betroffenen nach und nach sich von den ängstlichen Gedanken und Verhaltensweisen zu lösen. Ansatzpunkt hierbei ist die ängstlichen Gedanken nachhaltig zu verändern, um so auch eine Veränderung auf körperlicher Ebene zu bewirken. Die zuvor automatisch ablaufende Bewertung einer Situation und die darauf automatisch entstehenden körperlichen Reaktionen werden durch die intensive Reflexion der Gedanken unterbrochen. Zuvor angsteinflößende Situationen werden neu bewertet und somit schwindet das Risiko für eine körperliche Angstreaktion.

Die Meditation

Das regelmäßige Meditieren ist eine großartige Möglichkeit, um den eigenen Fokus zu verschärfen und mehr Achtsamkeit zu erfahren. Oftmals drehen sich die Gedanken der von sozialer Angst betroffenen Menschen um eines: Um die Angst. Während der Meditation haben die Betroffenen die Möglichkeit sich auf sich zu konzentrieren und wieder Herr (oder Frau) über ihre Gedanken zu werden. Je größer die Kontrolle der Gedanken ist, desto eher lassen sich die Emotionen, also Ängste, erkennen und kontrollieren. Der achtsame Umgang mit den eigenen Gedanken ist eine Chance für die Betroffenen Abstand von den alteingesessenen und zur Erkrankung gehörenden negativen Gedankenmuster zu gewinnen. Während der Meditation kann sich auf verschiedene Dinge konzentriert werden: Den eigenen Atem, eine Kerze, einen bestimmten Gedanken und auf die Freiheit von Gedanken. All dies hilft den Betroffenen ihre Gedanken und die damit einhergehenden Emotionen von außen zu betrachten, besser zu verstehen und umzuwandeln. Wird erst einmal ein zuvor unbewusster Gedanke erkannt, kann der Betroffene mit dieser Erkenntnis weiterarbeiten. Es ist hilfreich, wenn die Meditation unter einem klar gefassten Ziel täglich zur gleichen Zeit am gleichen Ort durchgeführt wird. Auch wichtig ist, dass die Meditation tatsächlich täglich gewissenhaft ausgeführt wird, damit sich die positiven Effekte nach einigen Wochen der Praxis etablieren können. Die Meditation ist ein Handwerk, dass den bewussten Umgang mit den Gedanken ermöglicht. Mit ein wenig Begeisterung und Hingabe ist dieses Handwerk über einen längeren Zeitraum leicht zu erlernen. Jedoch sind Konsequenz und Beständigkeit gefragt, um die für die Meditation relevanten Neuronen im Gehirn zu stärken und im Alltag spontan einsetzbar zu machen. Und das Positive ist, dass die Betroffenen zum Meditieren nicht in Kurse oder ähnliche Gruppen gehen müssen, sondern die Meditation bequem in der vertrauten Umgebung der eigenen vier Wände durchführen können. Die Meditation scheint gut geeignet zu sein, um sie mit anderen Therapieformen zu kombinieren.

Das autogene Training

Das autogene Training ist eine gute Möglichkeit, um mehr Entspannung im Alltag zu erfahren und den Fokus weg von der sozialen Angst auf andere Bereiche zu lenken. Besonders für Menschen, die sich in Gruppen kaum bis gar nicht entspannen können, kann das autogene Training zu Hause durchgeführt werden. Diese Form der Entspannungsübung wurde im Jahr 1926 von dem Berliner Psychiater Johannes Heinrich Schultz entwickelt und gehört mittlerweile in Deutschland zu den anerkannten Psychotherapiemethoden. Dementsprechend gibt es viele qualitativ hochwertige Angebote rund um das autogene Training, was die Erfolgschancen die Lebensqualität mit dieser Entspannungsmethode zu steigern, erhöht. Durch das autogene Training sollen das vegetative Nervensystem, die Organe und das Unterbewusstsein positiv beeinflusst werden. Allein durch die Konzentration auf den Atem werden Ruhe, Entspannung, Schwere und Wärme im Körper ausgebreitet. Dieser Vorgang kann durch bestimmte autosuggestive Sätze bereichert werden, um den Abbau der Ängste zu unterstützen. In der ursprünglichen von Johannes Heinrich Schultz entwickelten Methode geht es allerdings rein um die Konzentration auf bestimmte Körperempfindungen. Die daraus resultierende innere Ruhe gibt den Betroffenen die Möglichkeit sich neu zu zentrieren, sich auf ihre körperliche und mentale Kraft zu fokussieren und eine kurze, aber kraftspendende Pause vom krankheitsbedingt oft belastenden Alltag zu nehmen. Oftmals kreisen die Gedanken der Betroffenen rund um die Ängste, die denn Alltag bestimmen. Eine bewusste Unterbrechung dieser gedanklichen Schleife in den Alltag zu integrieren, dient nicht nur zur körperlichen Entspannung, sondern auch um die wiederkehrenden ängstlichen Gedanken zu unterbrechen und Schritt für Schritt zu besiegen. Mit wachsender Fähigkeit sich selbst in einen entspannten Zustand zu versetzen, wächst auch das Vertrauen in die eigenen Fähigkeiten und dies ist der Punkt, an dem die Betroffenen sich langsam von ihren alten Denkmustern trennen können. Je regelmäßiger das autogene Training durchgeführt wird, desto eher stellt sich der Entspannungszustand ein, der für Erleichterung sorgt.

Die progressive Muskelentspannung

Die progressive Muskelentspannung ist ähnlich wie das autogene Training eine wunderbare Methode, um tägliche Entspannung zu erfahren und eignet sich bestens als Zusatz zu tiefergehenden therapeutischen Maßnahmen. Der Unterschied zu anderen Entspannungsmethoden ist, dass die progressive Muskelentspannung äußerst einfach zu erlernen ist und somit das Fehlerpotenzial gering bleibt. Dies ist besonders für Menschen, die sich aufgrund ihres unruhigen Zustands nur schlecht konzentrieren können, hilfreich. Dementsprechend wird die progressive Muskelentspannung häufig zum Einstieg in die Welt der Entspannungstechniken genutzt. Die progressive Muskelentspannung wurde zu Beginn des 20. Jahrhunderts von dem US-amerikanischen Arzt Edmund Jacobson konzipiert und wird seitdem erfolgreich unter anderem zur Linderung von ängstlichen Zuständen empfohlen. Durch die progressive Muskelentspannung haben die von sozialer Angst betroffenen Menschen in ihrem Alltag die Möglichkeit einen Ruhepol zu erschaffen, der die ewig ängstlichen Gedanken unterbricht und neue Kraft spendet. Wie funktioniert die progressive Muskelentspannung und wie kann sie den Betroffenen auf psychischer Ebene helfen? Dies ist schnell erklärt: Jeder körperliche Stresszustand hat auch eine negative Auswirkung auf den psychischen Zustand – umgekehrt hat auch jeder psychische

Stresszustand eine negative Auswirkung auf den körperlichen Zustand. So ist es nicht verwunderlich, dass aufgrund psychischen Stresses körperlich spürbare Muskelentspannungen entstehen. Die progressive Muskelentspannung setzt an dieser Stelle ein und hat das Ziel die körperliche Anspannung zu lösen, um diesen entspannten Zustand auch auf die Psyche zu übertragen - mit Erfolg! Während der progressiven Muskelentspannung werden 16 Muskelgruppen hintereinander ganz bewusst angespannt, um danach bewusst entspannt zu werden. Der Effekt dahinter ist, dass beim Anspannen der Muskeln Blut in die Gefäße der Muskeln gepumpt wird. Beim Anspannen weiten sich dann die Gefäße und mehr Blut kann eintreten. Das Ergebnis ist ein entspannendes Gefühl der Schwere und der Wärme! Um einen langfristigen positiven Effekt aus dieser Übung zu schöpfen, sollte die progressive Muskelentspannung möglichst regelmäßig durchgeführt werden und somit zu einem festen Bestandteil des Alltags werden.

Die Stärkung des Selbstwertgefühls

Wenn die Hauptursache für die Entstehung der sozialen Angst ein geringes Selbstwertgefühl ist, dann bietet es sich an genau an diesem Punkt anzusetzen und das Selbstwertgefühl nachhaltig zu steigern. Natürlich ist es auch sinnvoll zu ergründen, warum das Selbstwertgefühl nicht ausreichen ausgebaut werden konnte. Die Gründe dafür sind meist in der Vergangenheit zu finden und können Aufschluss darüber geben, welche Erlebnisse im Erwachsenenalter aufgearbeitet werden müssen, um das seelische Gleichgewicht wiederherzustellen. Dies kann in einer therapeutischen Behandlung stattfinden, aber selbstverständlich auch durch selbstständig eingeleitete Maßnahmen unterstützt werden. Die Stärkung des Selbstwertgefühls ist ein Prozess und es Bedarf einiger Motivation und Konsequenz, um sich täglich der Stärkung des Selbstwertgefühls zu widmen. Diese Routine ist für den Erfolg der Methode jedoch grundlegend wichtig, denn nur so können die alten negativen Denkmuster über die eigene Person durch neue positive Denkmuster ersetzt werden. Durch das tägliche Üben der Selbstakzeptanz und die Stärkung des Vertrauens in die eigenen Fähigkeiten rücken die destruktiven Gedanken in den Hintergrund. Ziel ist es den inneren Kritiker dauerhaft zum Schweigen zu bringen, um so weniger Selbstzweifel im Alltag zu erleben. Sobald die Gewissheit steigt, dass genügend persönliche Ressourcen zur Besiegung der sozialen Angst vorhanden sind, können die sozialen Ängste als eine überwindbare Hürde angenommen werden. Zur Steigerung des Selbstwertgefühls ist es wichtig, sich die eigenen Fehler zu verzeihen, sich selbst gut zu behandeln, sich selbst nicht als minderwertig einzustufen, sich selbst als Priorität anerkennen, lernen „Nein“ zu sagen und sich selbst durch kleine Herausforderungen zur persönlichen Weiterentwicklung zu ermutigen. Dies ist sicherlich für viele Angstpatienten ein hoch gestecktes Ziel, dass sie ohne therapeutische Begleitung kaum anzugehen wagen und dennoch ist es zur Erhöhung der Lebensqualität wichtig sich genau diesen Themen wiederholt zu widmen.

Die Psychoanalyse und die Tiefenpsychologie

Bei der Psychoanalyse und der Tiefenpsychologie werden in Begleitung eines erfahrenen Therapeuten die unterbewussten und unbewussten Konflikte der Betroffenen aufgedeckt, die für die Entstehung der Angsterkrankung ursächlich sind. Die mit diesen in der Vergangenheit liegenden Erfahrungen sind meist mit starken negativen Emotionen behaftet, die es erneut durchzustehen gilt. Auf diese Weise wird der Konflikt nicht nur aufgelöst, sondern der Betroffene lernt zudem auch sich mit Konflikten zu befassen und dies zu einem positiven Ende zu bringen. Diese positive Erfahrung bezüglich der Konfliktlösung hilft den Betroffenen auch die in der Gegenwart erlebten Konflikte, die durch die soziale Angst im Alltag entstehen, für sich konstruktiv zu lösen. Während der therapeutischen Behandlung wird versucht unbewusste Teile der Persönlichkeit aufzudecken, kennenzulernen und zu integrieren. Die auf diese Weise stattfindende Verarbeitung der Konflikte wirkt sich zudem auf den gegenwärtigen Umgang mit Konflikten aus. Durch die Aufdeckung dieser unbewussten Verhaltens- und Gedankenmuster ist es dem Betroffenen zumeist möglich differenzierte Ansichtsweisen über die entsprechenden Situationen zu erlangen und somit langfristig auch den Umgang mit angsteinflößenden Erlebnissen konstruktiv zu gestalten. Hierbei spielt das Geschick des Therapeuten eine wichtige

Rolle, denn dieser muss durch gezielte Beobachtung und geschickte Hinterfragung die unbewussten Verhaltensmuster des Betroffenen herausfinden. Die Psychoanalyse und die tiefenpsychologische Behandlung unterscheiden sich in ihrer Intensität. Welche Form für den Betroffenen geeignet ist, ist abhängig von verschiedenen Faktoren wie, dem klinischen Erscheinungsbild, der allgemeinen Persönlichkeitsstruktur, dem psychosozialen Hintergrund, den individuellen Vorerfahrungen und der verhaltensbezogenen Motivation. Diese therapeutische Behandlungsform lässt sich ideal mit unterschiedlichen Entspannungsmethoden kombinieren.

Die Hypnotherapie und Hypnosetherapie

Sowohl die Hypnotherapie, als auch die Hypnosetherapie sind wissenschaftlich anerkannte Therapieformen, die schon vielen Angstpatienten bei der Bewältigung ihrer Ängste geholfen haben. Die Hypnotherapie wird häufig mit der Hypnosetherapie verwechselt, dennoch gibt es einen entscheidenden Unterschied: Die Hypnotherapie kommt ganz ohne suggestive Methoden aus. Bei beiden Therapieformen wird direkt auf das Unterbewusstsein der Betroffenen eingewirkt, wodurch diese auf der unterbewussten Ebene eine selbstorganisatorische Lösung für ihr Problem finden. Dementsprechend individuell kann die Lösung ausfallen und eben genau zu den jeweiligen Bedürfnissen passen. Das heißt, dass die Betroffenen die Lösung selber erarbeiten, was zur Stärkung ihres Selbstbewusstseins beiträgt. Die gesamte Therapie läuft mit der Kraft des Unterbewusstseins und der Vorstellungskraft ab. Der Grundgedanke hierbei ist, dass jede Angst im Unterbewusstsein entsteht und mit bestimmten Vorstellungen verknüpft ist. Diese negativ konnotierten Bilder und Vorstellungen werden bei diesen beiden Therapieformen selektiert und mit neuen, positiven Emotionen besetzt. Es findet quasi eine selbstständige Neuinterpretation der zuvor negativ bewerteten Bilder statt. Es sind keine komplizierten extrinsischen Methoden erforderlich. Dadurch, dass bei diesen Therapieformen keine direkte

Konfrontation mit den sozialen Ängsten stattfindet, sondern mit einer sogenannten Stellvertretertechnik gearbeitet wird, werden die Betroffenen nicht zusätzlich belastet. Für viele Menschen ist dies der angenehmste Weg den Umgang mit den eigenen Ängsten zu erlernen. Das langfristige Ziel ist es durch die Einwirkung auf das Unterbewusstsein das Angstvermeidungsverhalten einzustellen und somit die Lebensqualität der Betroffenen zu steigern. Um diese Therapieformen durch Eigenarbeit zu unterstützen, kann die Selbsthypnose erlernt werden.

Die körperliche Bewegung

So simpel es auch scheint: Regelmäßiger Sport kann beim Umgang mit Ängsten helfen. Denn regelmäßiger Sport hat nicht nur positive Auswirkungen auf die körperliche Gesundheit, sondern auch auf die psychische Gesundheit. Während des Sports werden vermehrt Botenstoffe – deren Wichtigkeit für die psychische Gesundheit ist mittlerweile bekannt – wie Serotonin, Adrenalin, Noradrenalin und Dopamin ausgeschüttet. Besonders, wenn ein Ungleichgewicht der Botenstoffe im Gehirn mit eine Ursache für die Entstehung der Angsterkrankung ist, kann regelmäßiger Sport den Ausgleich der Botenstoffe unterstützen. Aber nicht nur auf die Botenstoffe hat der Sport einen positiven Einfluss, sondern auch auf die Ausschüttung körpereigener Cannabinoide. Diese körpereigenen Cannabinoide sorgen dafür, dass das Wohlbefinden und die Entspannung spürbar steigen. Im vorherigen Verlauf des Buches konnten Sie mehr über die verschiedenen Regionen des Gehirns lesen und wissen demnach auch, dass Emotionen im präfrontalen Cortex produziert werden, da dort die wahrgenommenen Reize in Gefühle umgewandelt werden. Auch hier sorgt regelmäßiger Sport für Entlastung und weniger fälschliche Einschätzungen. Dementsprechend sollte jeder Mensch, der unter einer Angsterkrankung leidet und keine körperlichen Einschränkungen hat, regelmäßig Sport treiben. Positiv ist, dass Sport nicht unbedingt in großen Gruppen stattfinden muss und sich die Betroffenen somit nicht in angsteinflößende Situationen begeben müssen, um sportlich aktiv zu sein. Verschiedene sportliche Aktivitäten lassen sich auch zu Hause oder in Ruhe im Park ausführen. Das Vertrauen in die körperlichen Fähigkeiten wächst, beim Sport werden zunehmend die negativen Gedankenschleifen unterbrochen und beim Sport im Freien wird zusätzlich das Sonnenvitamin getankt, was sich wiederum positiv auf den Gemütszustand auswirkt. Wichtig ist, dass eine Sportart gewählt wird, die zum körperlichen Profil passt und dauerhaft Spaß bereitet. Es nützt wenig, wenn sich der Betroffene zum regelmäßigen Sport zwingen muss! Hilfreich ist mehrere Sportarten auszuprobieren und dann mit einem festen Termin für den Sport pro Woche zu starten. Im Idealfall sollten die Betroffenen irgendwann bis zu viermal wöchentlich sportlich aktiv sein.

Die Ernährung

Leider wird immer noch viel zu selten auf die Ernährungsweise bei Angsterkrankungen eingegangen, dabei ist es längst kein Geheimnis mehr, dass eine ungesunde Ernährung mit hoher Wahrscheinlichkeit negative Folgen für die körperliche und psychische Gesundheit haben kann. Unsere Ernährungsgewohnheiten haben sich in den letzten hundert Jahren stark verändert, genauso wie der allgemeine Gesundheitszustand. Immer mehr Menschen greifen zu Fast Food, Fertiggerichten und stark zuckerhaltigen Produkten – warum? Weil es die einfachere Art der Ernährung ist und der Zucker - der in all diesen Fertigprodukten steckt, als billiges Konservierungsmittel und billiger Geschmacksverstärker - uns hochgradig süchtig macht. Mit jeder Fertigpizza, die wir zu uns nehmen, nehmen wir etwas wichtiges anderes nicht zu uns: Lebensnotwendige Nährstoffe. Unser Körper ist auf das langfristige Überleben ausgerichtet und kann Mangelerscheinungen erstaunlich gut über einen langen Zeitraum ausgleichen. Die Folge einer mangelhaften Ernährung sind dann verschiedenste Krankheiten, je nach „Schwachpunkt", also genetischer Disposition des Einzelnen. Unser Darm und unser Hirn stehen in enger Verbindung zueinander, man nennt den Darm auch das Darmhirn. Die Wichtigkeit einer gesunden, nährstoffreichen und abwechslungsreichen Ernährung ist also nicht zu unterschätzen. Wie können Angstpatienten ihre psychische Gesundheit ganz gezielt durch eine Veränderung der Ernährungsgewohnheiten unterstützen? Indem sie Fertigprodukte, Fast Food und stark zuckerhaltige Produkte meiden. Stattdessen sollte der Fokus auf unverarbeiteten, frischen Lebensmitteln liegen, die dem Körper alle notwendigen Nährstoffe bieten, die für den Ablauf der körperlichen Prozesse notwendig ist. Wie wichtig das körperliche Gleichgewicht für die psychische Gesundheit ist, wurde bereits eingehend erläutert. Die Ernährungsphilosophie der „Basischen Ernährung" ist wenig kompliziert und dazu noch äußerst hilfreich. Bei der basischen Ernährung werden die Lebensmittel in basisch, gute säurebildende und schlechte säurebildende Lebensmittel unterteilt. Die Mahlzeiten sollten zu 70-80% aus basischen und zu 20-30% aus guten säurebildenden Lebensmitteln bestehen. Diese Einteilung ist nicht notwendig, aber äußerst praktisch, um gesunde, nährstoffreiche und abwechslungsreiche Mahlzeiten zusammenzustellen.

Die Akupunktur

Die Akupunktur ist Teil der Traditionellen Chinesischen Medizin (TCM). Bei der Akupunktur werden feine Nadeln an bestimmte Körperpunkte gesetzt, die dadurch die im Körper vorhandene Lebensenergie – in der Traditionellen Chinesischem Medizin Qi genannt – ins Gleichgewicht bringen soll. Wie in vielen alten Wissenschaften geht auch die Traditionelle Chinesische Medizin davon aus, dass im Körper verschiedene Meridiane, also Energiebahnen, bestehen, die die verschiedensten Teile des Körpers mit Energie versorgen. Die unterschiedlichen Organe sind nicht nur einem körperlichen Teil des Menschen zugeordnet, sondern auch einem psychischen Teil. Die Seele und die Organe eines Menschen bilden in der Traditionellen Chinesischen Medizin eine Einheit. So lässt es sich also erklären, wieso diese zunächst rein körperlich anmutende Therapieform auch auf psychischer Ebene helfen soll. Durch die Stimulation wird der Energiefluss im Körper angeregt und optimiert. Dazu verbleiben die speziellen Nadeln einige Minuten lang im Körper. Diese Behandlungen sollten über einen längeren Zeitraum von mehreren Wochen angewandt werden, damit die beruhigende Wirkung auf das vegetative Nervensystem sich einstellen kann. Den Betroffenen wird auf diese Weise geholfen das seelische Gleichgewicht wiederzufinden, die Angst abzubauen und ihre Stärke auszubauen.

Der Zusammenhang zwischen körperlichen Energiedeffiziten und den psychischen Folgen in der Traditionellen Chinesischen Medizin wurde bereits erläutert. Hinsichtlich einer Angsterkrankung wird bei einer Akupunktur-Behandlung vor allem die Energie der Nebennieren gestärkt. Als alleiniges therapeutisches Mittel gegen die Angst sollte die Akupunktur nicht eingesetzt werden. Sie eignet sich besonders gut als Begleitung zu einer tiefenpsychologischen Behandlung und eröffnet den Betroffenen neue Perspektiven! Erfahrene und gut ausgebildete Mediziner mit einer Zusatzqualifikation der Traditionellen Chinesischen Medizin finden sich in jeder größeren Stadt und sollten somit für die Betroffenen leicht aufzusuchen sein.

Die Aromatherapie

Auch wenn es unkonventionell sein mag, können ätherische Öle zur Linderung von Ängsten eingesetzt werden. Dies sollte natürlich keine alleinige Therapieform darstellen, sondern als Mittel zur Entspannung dienen. Die unterschiedlichen Sinnesorgane in eine therapeutische Behandlung miteinzubeziehen ist beispielsweise in der Traditionellen Chinesischen Medizin oder dem Ayurveda häufiger zu finden. Menschen verbinden Gerüche mit verschiedensten Situationen und dementsprechend ergibt es durchaus Sinn mit dem sogenannten „Geruchsgedächtnis" zu arbeiten, um mehr Entspannung im Alltag zu erfahren. Ätherische Öle eigenen sich dazu besonders gut, denn diese können auf die Haut aufgetragen, als Badezusatz und in Duftlampen genutzt werden. Außerdem gibt es eine breit gefächerte Auswahl an verschiedenen Düften, sodass für jeden Betroffenen ein entspannender Duft dabei sein sollte. Besonders hilfreich gegen Angst haben sich unter anderem Geranie, Rose, Rosenholz, Zeder, Weihrauch, Wacholder, Neroli, Lavendel, Eukalyptus, Iriswurzel, Grapefruit, Sandelholz, Neroli und Ylang Ylang erwiesen. Bei nervösen Zuständen kann mit Melisse, Kamille, Bergamotte oder Mandarine gearbeitet werden. Generell gilt, dass die Betroffenen nach ihrem Geschmack entscheiden sollten, denn das Dufterlebnis soll natürlich positiv wahrgenommen werden, was mit einem nicht passenden Duft schwieriger ist. Qualitativ hochwertige Öle können direkt auf die Haut aufgetragen werden. Beispielsweise auf die Handgelenke, den Nacken, den Hals oder die Brust. Dabei empfiehlt es sich die ätherischen Öle mit einem Trägeröl in einem Verhältnis von 1:10 zu vermischen. Als Trägeröl sind Mandelkernöl, Olivenöl und Kokosöl bestens geeignet. Auf ein Vollbad oder in einem Diffuser sollten maximal fünf Tropfen des ätherischen Öls genutzt werden. Bei der Anwendung von ätherischen Ölen ist anzumerken, dass bereits geringe Dosen einen großen Einfluss haben und dementsprechend mit geringen Dosen gearbeitet werden sollte.

Die Musik

Die Musik ist eine wunderbare Möglichkeit das eigene Wohlbefinden zu steigern und ein körperlich-seelisches Gleichgewicht wiederherzustellen – aber es sollte sich nicht allein auf die Wirkungsweise der Musik verlassen werden, sondern in Verbindung mit anderen therapeutischen Maßnahmen erfolgen. Für Angstpatienten kann es hilfreich sein entspannende, wiederkehrende Rituale in den Alltag einzubauen. Die Musik kann ein solches Ritual darstellen. Besonders hilfreich sind klassische Musik, spezielle Entspannungsmusik und Meditationsmusik. Eine besondere Empfehlung gilt für das Musikstück „Weightless" von Marconi Union, dass in Zusammenarbeit mit Musiktherapeuten entwickelt wurde, um das Stressniveau zu senken. Das Lied sollte möglichst nicht beim Autofahren gehört werden, sondern ganz bewusst zur Entspannung eingesetzt werden. Des Weiteren sind Binaural Beats eine einfache Möglichkeit, um bewusste Entspannung durch die Beeinflussung der Gehirnwellen zu erreichen. Binaural Beats gibt es in verschiedenen Frequenzen, die speziell auf die Gehirnwellen abgestimmt sind. Momentan sind fünf verschiedene Frequenzen des menschlichen Gehirns bekannt: Gamma, Beta, Alpha, Theta und Delta. Während die Gamma Wellen für Höchstleistung, die Beta wellen für den normalen Wachzustand und die Delta Wellen für den Tiefschlaf passend sind, stehen die Alphawellen im Zusammenhang mit Entspannung und die Theta Wellen mit meditativen Zuständen. Dementsprechend können Entspannungsmethoden mit dem Hören von Binaural Betas Delta oder Theta den Entspannungsprozess verstärken, indem die Frequenz der Musik auf die Gehirnwellen einwirkt und so den Menschen zur Entspannung verhilft. Hier sollte jedoch jeder Mensch nach seinen individuellen Vorlieben gehen und durch Ausprobieren die am besten passendste musikalische Begleitung finden. Falls musikalisches Talent vorhanden ist, kann das regelmäßige Musizieren dabei helfen die Konzentration zu steigern und Erholungszustände zu schaffen.

Das Floating

Das Floating ist als Therapiemethode zur Behandlung von Ängsten anerkannt. Beim Floating befindet sich der Betroffene in einem reizarmen Schwebebad. Das Wasser im Schwebebad ist in der Regel mit einem hohen Salzgehalt versehen und unterstützt somit auch die körperliche Gesundheit direkt. Da beim Floating durch die Reduktion der äußeren Reize eine reizarme Umgebung entsteht, kann hier ein tiefes Entspannungsgefühl entstehen. Ein Großteil der neuronalen Aktivität des Gehirns wird darauf verwendet ebendiese äußeren Reize zu verarbeiten. Fällt die Verarbeitung äußerer Reize aus, so kann sich ein entspannter (Theta-) Zustand des Gehirns einstellen. Während der normalerweise 60-minütigen Sitzung im Schwebebad werden körpereigene Endorphine, also Glückshormone, ausgeschüttet, die für starke Zufriedenheit und Glücksgefühle sorgen. Dieser Vorgang wirkt sich äußerst positiv auf die psychische und körperliche Gesundheit aus. Unter anderem stärkt dies das Immunsystem, reguliert den Blutdruck und setzt die Selbstheilungsprozesse in Gang. Dieser positive Effekt kann bis zu drei Wochen nach der Sitzung im Schwebebad anhalten. Was diese Entspannungsmethode so geeignet für Angstpatienten macht, ist, dass keine andere Person während der Phase der Tiefenentspannung anwesend ist und somit keine notwendige soziale Interaktion stattfindet. So kann die Erfahrung von dem salzhaltigen Wasser getragen zu werden und dies in völliger Ruhe zu genießen, zu einer ganz persönlichen und heilvollen Erfahrung werden.

Die Klopftechnik

Die Klopftechnik hat sich vor allem bei all den Angstpatienten bewährt, denen bei konventionellen Therapien nicht geholfen werden konnte. Diese Form der Therapie Anfang der 1980er Jahre von dem Psychologen Dr. Roger Callahan mehr oder weniger durch Zufall konzipiert, nachdem er einem Angstpatienten auf konventionelle Weise nicht mehr weiterhelfen konnte. Es wird zwischen zwei Klopftechniken unterschieden:

- Die EFT Emotional Freedom Techniques von Gary Craig
- Die MET Meridian Energie Technik von Dr. Rainer Franke und Regina Franke

Im alltäglichen Sprachgebrauch wird häufig nicht zwischen den beiden Klopftechniken unterschieden. Aus diesen beiden Techniken entwickelte der Psychotherapeut Michael Bohne PEP, die prozess- und embodimentfokussierte Psychologie. Das ist die Form der Klopftechnik, die heute am häufigsten angewandt wird.

Zum Durchführen der Klopftechnik werden bestimmte Akupunkturpunkte im Gesicht und am Oberkörper abgeklopft. Dieses Vorgehen beruht auf der Annahme, dass sich die körperlichen und psychischen Zustände wechselseitig beeinflussen und somit durch die vorsichtige körperliche

Stimulation eine positive Veränderung auf psychischer Ebene realisiert werden kann. Manche Therapeuten arbeiten nicht mit der reinen Klopftechnik an sich, sondern kombinieren das Klopfen mit bestimmten stärkenden Affirmationen, um beispielsweise das Selbstbewusstsein der Betroffenen zu stärken. Für Angstpatienten ist besonders praktisch, dass sich diese Form der Therapie, einmal fachkundig erlernt, auch außerhalb des Therapiezimmers in angsteinflößenden Situationen angewandt werden kann. So können die von Angst betroffenen Menschen mit einer einfachen und unauffälligen Technik im Alltag selbst unterstützen, was erhebliche Erleichterung bringen sollte.

Die medikamentöse Behandlung

Die medikamentöse Behandlung einer Angsterkrankung ergibt nur dann Sinn, wenn keine ausreichende therapeutische Behandlung durch die starken Symptome der Krankheit möglich ist. Ideal ist, wenn die medikamentöse Behandlung nicht als alleinige Behandlungsform eingesetzt wird, sondern zusätzlich möglichst auch eine Psychotherapie stattfindet, um den konstruktiven Umgang mit den Ängsten zu erlernen. Die medikamentöse Behandlung stellt also bestenfalls nur eine Übergangslösung oder ein Hilfsmittel dar. Es gibt drei Gruppen von Medikamenten, die bei einer Angsterkrankung eingesetzt werden können: Antidepressiva, Benzodiazepine und Betablocker. Die Antidepressiva haben neben einer angstlösenden Wirkung auch eine beruhigende Wirkung auf die Betroffenen. Häufig werden selektive Serotonin-Wiederaufnahmehemmer (SSRI) oder selektive Serotonin-Noradrenalin-Wiederaufnahmehemmer (SNRI) verschrieben. Im vorherigen Verlauf des Buches konnten Sie bereits lesen, was es mit den Botenstoffen und Hormonen bezüglich der Entstehung von Angst auf sich hat. Und genau dort setzen die Antidepressiva ein. Auch die Benzodiazepine lösen die Angst auf der Ebene der Neurotransmitter, dürfen aber nur für einen kurzen Zeitraum eingenommen werden. Der Nachteil an Benzodiazepinen ist, dass die Absetzung des Mittels schrittweise erfolgen muss, damit keine heftigen Entzugssymptome auftreten, die den Heilfortschritt unterbrechen könnten. Die Betablocker setzten anders an und reduzieren die Wirkung der Stresshormone auf das Herz, wodurch es zu verringerten körperlichen Angstsymptomen, wie Herzrasen oder steigendem Blutdruck, kommt. Dadurch haben die Betroffenen die Möglichkeit die körperlichen Symptome der Angst von den psychischen Symptomen zu trennen und sich so konstruktiv mit ihrer Angst auseinanderzusetzen. Wie alle Medikamente können auch diese Medikamente teilweise starke Nebenwirkungen haben, die nicht zu unterschätzen sind. Ob die Medikamente als Hilfestellung oder Übergangslösung infrage kommen, muss zusammen mit einem Arzt entschieden werden. Keinesfalls sollte die Einnahme von Medikamenten eine fundierte Therapie ersetzen.

Die EMDR-Therapie

EMDR bedeutet „Eye Movement Desensitization and Reprocessing”, also “Augenbewegung Desensibilisierung und Aufarbeitung“. Diese Therapieform wurde von der US-amerikanischen Psychologin Francine Shapiro entwickelt, um traumatisierten Personen die Bewältigung ihrer Ängste zu erleichtern. Die EMDR-Therapie arbeitet mit der bilateralen Stimulation er Augen. Das bedeutet, dass während einer Therapiesitzung eine Augenbewegung stimuliert wird, die dann für eine andauernde Stimulation der beiden Gehirnhälften sorgt. Dies beruht auf der Annahme, dass bei Angst die beiden Gehirnhälften nicht mehr ausreichend miteinander in Verbindung stehen, da sich der gesamte Körper in einem Ausnahmezustand befindet. Die Betroffenen konzentrieren sich während der EMDR-Therapie auf die Angstsituation und zugleich wird die das Gehirn stimulierende Augenbewegung angeregt. Das bedeutet für die Betroffenen, dass sie durch die EMDR-Therapie die Möglichkeit haben die negativen Denkmuster durch positive Denkmuster zu ersetzen. Dieser Vorgang wird durch die Stimulation der Augen erreicht, die einen gewissen körperlichen Entspannungsgrad erzwingt. Während einer Therapiesitzung wird mindestens eine belastende Situation und die mit dieser verbundenen negativen Gedankengänge vorgestellt. Dieser negative Gedanke wird dann in einen positiven Gedanken umformuliert und anschließend mithilfe der Stimulation der Augenbewegungen verankert. In der Regel wird direkt nach einer solchen therapeutischen Behandlung ein deutlich positiverer körperlicher und psychischer Zustand verspürt. Dennoch sollte diese besonders interessante Therapieform über einige Sitzungen hinweg wahrgenommen werden, damit langanhaltende und umfassende Ergebnisse erfolgen können. Auch diese Therapieform lässt sich bestens mit verschiedenen Entspannungstherapien kombinieren.

Das Konfrontationstraining

Die Konfrontationstherapie, auch Reizkonfrontationstherapie genannt, ist eine Verhaltenstherapie, die häufig bei der Therapie von Ängsten eingesetzt wird. Wie der Name dieser Therapieform vielleicht vermuten lässt, geht es hier um die direkte Konfrontation der Betroffenen mit ihren Ängsten. Im Falle der sozialen Angst werden die Betroffenen mit ihrer Angst vor sozialer Interaktion konfrontiert. Hier ganz individuell auf den Betroffenen eingegangen werden, denn die soziale Angst äußert sich natürlich nicht immer gleich, sondern hat viele Nuancen und Facetten, die bei dieser Form der Therapie optimal aufgegriffen und berücksichtigt werden können. Bei der Konfrontation besteht die Möglichkeit sich ganz auf die angstauslösende Situation zu konzentrieren und die eigenen körperlichen und psychischen Reaktionen zu erforschen – alles in einem sicheren Rahmen. Auf diese Weise können sich die Betroffenen mit den körperlichen und psychischen Abläufen befassen, die Entstehung und den Verlauf der Angst besser einschätzen und somit auch ihren Umgang mit der Angst verändern. Im Idealfall wird so ein verbesserter Umgang mit den intensiven körperlichen Reaktionen auf die Angst besser umgegangen werden. Mit wachsendem Mut und wachsender Erfahrung lernen die Betroffenen, dass die starken körperlichen und psychischen Reaktionen innerhalb der Situation abklingen, wenn dem Fluchtverhalten nicht nachgegeben wird. Stück für Stück wird den Betroffenen somit deutlich, dass sie ihre Angst besiegen können, dass sie angsteinflößende Situationen meistern können und dass sie die Ängste abbauen können. Die Konfrontationstherapie sollte möglichst mit einem erfahrenen Therapeuten durchgeführt werden und nicht alleine. Denn für die erfolgreiche Durchführung der Konfrontationstherapie bedarf es natürlich umfassenden Wissens! Die in diesem Kapitel vorgestellten Entspannungstechniken lassen sich gut mit dieser Therapieform kombinieren.

Das soziale Kompetenztraining

Als letzte Methode gegen die soziale Angst wird nun das soziale Kompetenztraining vorgestellt. Das soziale Kompetenztraining findet zumeist in einer Gruppe statt und eignet sich deshalb eher für Betroffene, die schon in ihrem Heilungsprozess etwas fortgeschritten sind, also für diese Erfahrung offen sein können. Um für die Teilnehmer der Gruppe, die durch einen erfahrenen Therapeut geleitet wird, ein möglichst entspanntes Gruppenklima zu erzeugen, wird hier ganz ohne Druck, dafür mit viel Respekt, gegenseitiger Wertschätzung und Entspannung gearbeitet. Das Ziel ist es den Betroffenen einen Raum zu geben, um ihre unterschiedlichen Gefühlswahrnehmungen zu erforschen und auch ihren Gefühlsausdruck zu intensivieren. In einem zweiten Schritt werden diese dann wahrgenommenen Gefühle ausgedrückt, um die eigenen Forderungen und Wünsche besser und ohne Angst kommunizieren zu können. Durch verschieden geartete Rollenspiele werden gestufte Konfrontationen mit der sozialen Angst herbeigeführt, die dann anschließend durch den Therapeuten und die anderen Teilnehmer kommentiert werden. Dies dient zur Grundlage der Reflexion des eigenen Verhaltens und vor allem auch zur Erkennung von Denkfehlern und negativen Gedankenschleifen. In Gruppengesprächen werden also nicht nur die Ängste der Teilnehmer angesprochen und aufgearbeitet, sondern gleichzeitig findet eine fast unbewusste Integration in eine Gruppe statt. Durch den zumeist starken Zusammenhalt innerhalb der Gruppe und das verstärkte positive Feedback durch die Gruppenteilnehmer, erfahren die Teilnehmer, dass sie durchaus fähig sind soziale Interaktion auszuhalten und positiv zu gestalten. Vielen Betroffenen hilft es diese Fortschritte im eigenen Verhalten mit anderen Betroffenen teilen zu können und Teil eines geschützten sozialen Raums zu sein, in dem sie akzeptiert und verstanden werden.

Schlusswort

Sie haben sich nun hoffentlich erfolgreich durch dieses Buch gearbeitet und konnten Ihr Wissen rund um die soziale Angst vertiefen. Die soziale Angst ist vieles, nur nicht genau greifbar. Es gibt viele verschiedene Ursachen, die für die Entstehung der Ängste verantwortlich sein können und zumeist ist es ein Ursachenkomplex. Genauso vielfältig wie die Ursachen ist auch die Ausprägung der sozialen Angst, die sich bei jedem Betroffenen mit ganz individuellen körperlichen und psychischen Symptomen zeigt. Nicht jeder Mensch mit sozialer Angst fürchtet sich davor zu erröten und nicht jeder Mensch mit sozialer Angst hat Angst sich bei einem Telefonat mit einem Fremden lächerlich zu machen. Diese Individualität der Krankheitssymptome und der spezifischen Ängste führen dazu, dass die Auswirkungen auf den Alltag und die Gesundheit der Betroffenen nicht generalisiert werden können. Und trotz dieser Vielfalt an Ausprägungsmöglichkeiten steht fest, dass es für jeden Angstpatienten die passende Therapieform gibt, um den Umgang, die Ursachen und das Ablegen der Angst zu erlernen. Je nach Stärke der sozialen Angst kann eine medikamentöse Behandlung in Verbindung mit einer kognitiven oder tiefenpsychologischen Therapie helfen. Auch im Bereich der Homöopathie, der Akupunktur, der Hypnotherapie und der

EMDR-Therapie gibt es Möglichkeiten den Betroffenen den Umgang mit der Angst zu erleichtern und ihre Lebensqualität zu steigern. Der Weg hin zu einem Leben ganz ohne Angst scheint also für jeden Angstpatienten möglich zu sein und was noch viel wichtiger für die Betroffenen ist: Es ist möglich zu akzeptieren, dass eine gewisse Tendenz zu starken Ängsten besteht und dies nicht die Persönlichkeit ausmacht. Zusammen mit einem fachkundigen, erfahrenen und motivierten Therapeuten lässt sich eine ganz individuell passende und möglicherweise auch unkonventionelle Möglichkeit zur Verbesserung der sozialen Angst finden.

Wenn Ihnen *„Soziale Phobie“* gefallen hat, hinterlassen Sie gerne eine Kundenrezension auf Amazon und empfehlen Sie es weiter an Ihre Freunde.

Impressum

Thomas Langner, Groner Straße 41, 37073 Göttingen

Version 13.12.2018

Bildnachweis:

© jozefmicic / stock.adobe.com

Printed in Poland
by Amazon Fulfillment
Poland Sp. z o.o., Wrocław

49371844R00063